传统武术文化再审视及其现代化发展战略探索

薛　源◎著

SPM 南方传媒
广东人民出版社
·广州·

图书在版编目（CIP）数据

传统武术文化再审视及其现代化发展战略探索 / 薛源著 .— 广州：广东人民出版社，2023.6

ISBN 978-7-218-16538-7

Ⅰ．①传… Ⅱ．①薛… Ⅲ．①武术－传统文化－文化研究－中国 Ⅳ．①G852

中国国家版本馆 CIP 数据核字（2023）第 073039 号

CHUANTONG WUSHU WENHUA ZAISHENSHI JIQI XIANDAIHUA FAZHAN ZHANLÜE TANSUO

传统武术文化再审视及其现代化发展战略探索

薛　源　著

出 版 人： 肖风华

责任编辑： 马妮璐
责任技编： 吴彦斌　周星奎
装帧设计： 马静静

出版发行： 广东人民出版社
地　　址： 广州市大沙头四马路 10 号（邮政编码：510102）
电　　话：（020）85716809（总编室）
传　　真：（020）85716872
网　　址： http://www.gdpph.com
印　　刷： 北京亚吉飞数码科技有限公司
开　　本： 710mm×1000mm　1/16
印　　张： 13　　**字　　数：** 208 千
版　　次： 2023 年 6 月第 1 版
印　　次： 2023 年 6 月第 1 次印刷
定　　价： 75.00 元

如发现印装质量问题，影响阅读，请与出版社（020-85716849）联系调换。
售书热线：020-87716172

前　言

当前，全球化的理念已渗入世界各个角落。全球化给各民族文化带来了深刻的影响。任何一个国家、一个民族的文化都是在“认同”与“适应”的矛盾运动中不断发展的。21世纪是东西方文化交融的时代，传统武术作为中华民族传统文化的重要组成部分，不可避免地在全球文化交融中受到冲击和碰撞。传统武术该如何“认同”与“适应”，在矛盾中重塑形象，寻求发展，在现代社会中传承，在历史激流中前进；如何更恰当地处理好自身与外来文化的复杂关系，适应现代社会发展的需求；如何发挥自身的当代价值，实现可持续发展目标，这些都是需要重点研究的课题。基于此，作者在查阅大量相关著作文献的基础上，精心撰写了《传统武术文化再审视及其现代化发展战略探索》一书。

本书共有八章内容。第一章分析中国武术文化发展与多元学科理论的交叉，包括与文化学、社会学、教育学、人类学、民族学以及传播学等学科理论的交叉，该研究有助于为促进传统武术文化的发展提供理论支撑。第二章对传统武术的文化内涵及价值进行研究，包括多元价值和当代价值，这是传统武术文化现代化发展的重要内因。第三章分析传统武术文化的传承要素，包括传承者、传承方式、传承环境以及传承管理，通过分析各个传承要素，以促进传统武术文化传承体系的构建与完善。第四章至第七章在现代社会背景下特别是结合全球化背景重点对传统武术的产业化、竞技化、国际化及教育发展进行研究，提出科学有效的发展策略，具有重要的现实指导意义。第八章对传统武术现代化发展展开实证研究，主要选取具有代表性的太极拳、武术散打及其他武术项目，为这些项目的现代化发展指点迷津，并为其他项目的发展提供借鉴和参考。

总体上，本书具有以下几个特点。

首先，系统性。本书主要对传统武术文化理论、文化传承及其现代化发展进行研究。首先分析传统武术文化的多元学科理论、文化内涵、价值及其传承要素；然后在现代化背景下研究传统武术的产业化、竞技化、国际化及教育发展之路，最后选取典型武术项目展开实证研究。总体上结构完整，脉络清晰，内容丰富，具有较强的系统性。

其次，时代性。新时代赋予中国传统武术文化发展的新任务、新使命，在现代社会背景下围绕传承中华民族传统文化的需要，深入思考传统武术文化的现代化创新发展具有重要意义。传统武术文化发展在全球化视域下呈现出竞技化、产业化及国际化的新特征和新趋势，从这几方面出发进一步探索传统武术文化的现代化发展路径具有重要的时代意义，有助于传承与弘扬传统武术文化、中华民族文化，提升中华民族文化软实力。

最后，创新性。在全球化背景下探索传统武术文化的现代化发展之路，必须深入挖掘传统武术文化的当代价值，发现古老的传统武术与当代社会的契合点与适应性，然后在此基础上寻求创新点。本书在第二章专门对传统武术文化的当代价值进行了分析，意义重大。此外，传统武术项目千姿百态，异彩纷呈，只有从不同项目的不同实际出发来对其现代化发展进行研究，才能提出更有针对性和有效性的策略，为同类项目的现代化发展而提供借鉴与参考。以往的研究中常常忽视实证研究，单纯的理论研究缺乏说服力和指导意义，而本书在最后选取了几个具有代表性的武术项目来展开实证研究，具有重要的现实意义。

总之，本书主要围绕我国传统武术文化的理论、传承及现代化发展展开详细研究，基于对传统武术文化理论的重新审视而结合现代社会背景探索传统武术的现代化发展之路，提出具有重要指导意义的发展策略。期望本书能够为弘扬与传承传统武术文化、促进传统武术文化在新时期的繁荣发展做出贡献。

在本书的撰写过程中，作者不仅参阅、引用了很多国内外相关文献资料，而且得到了同事亲朋的鼎力相助，在此衷心表示感谢。由于作者水平有限，书中难免有疏漏之处，恳请同行专家及读者批评指正。

作　者

2022 年 9 月

目　　录

第一章　中国武术文化发展与多元学科理论交叉研究 …………………… 1

第一节　文化学理论与武术文化发展的交叉研究 …………………… 1

第二节　社会学理论与武术文化发展的交叉研究 …………………… 6

第三节　教育学理论与武术文化发展的交叉研究…………………… 11

第四节　人类学理论与武术文化发展的交叉研究…………………… 15

第五节　民族学理论与武术文化发展的交叉研究…………………… 18

第六节　传播学理论与武术文化发展的交叉研究…………………… 21

第二章　传统武术的文化内涵及价值再审视………………………… 24

第一节　传统武术概述…………………………………………… 24

第二节　传统武术的文化内涵解析……………………………… 37

第三节　传统武术多元价值的彰显……………………………… 40

第四节　传统武术文化的当代价值发掘………………………… 44

第三章　传统武术文化的传承要素再审视…………………………… 47

第一节　传统武术文化的传承者………………………………… 47

第二节　传统武术文化的传承方式……………………………… 55

第三节　传统武术文化的传承环境……………………………… 62

第四节　传统武术文化的传承管理……………………………… 68

第四章　经济全球化背景下传统武术的产业化发展探索………… 71

第一节　经济全球化及我国武术产业的发展现状……………… 71

第二节　经济全球化背景下我国武术产业发展中存在的问题………………………………………………………… 79

第三节 经济全球化背景下我国武术产业发展的策略………… 83
第四节 经济全球化背景下我国武术产业市场的运作与管理…………………………………………………… 87

第五章 体育全球化背景下传统武术的竞技化发展探索 …………… 96
第一节 体育全球化及传统武术的竞技化发展现状……………… 96
第二节 传统武术与竞技体育的代表——奥林匹克运动的对比分析 ……………………………………………… 106
第三节 体育全球化背景下传统武术竞技化发展的动因 …… 111
第四节 体育全球化背景下传统武术竞技化发展的策略 …… 114

第六章 现代社会背景下传统武术的国际化传播与发展探索 …… 119
第一节 传统武术传播的理论体系 ………………………… 119
第二节 传统武术国际化传播的态势 ……………………… 123
第三节 传统武术国际化传播的模式 ……………………… 129
第四节 现代社会背景下传统武术国际化传播与发展的策略 …………………………………………………… 138

第七章 现代教育背景下学校武术教育的发展探索 ……………… 142
第一节 传统武术在学校中的发展现状 ……………………… 142
第二节 学校武术教学的理论体系 ………………………… 146
第三节 学校武术的课程设置与建设 ……………………… 158
第四节 学校武术教育的可持续发展研究 ………………… 168

第八章 传统武术现代化发展的实证研究 ……………………… 171
第一节 太极拳的现代化发展研究 ………………………… 171
第二节 武术散打的现代化发展研究 ……………………… 181
第三节 其他武术项目的现代化发展研究 ………………… 188

参考文献 ……………………………………………………… 193

第一章　中国武术文化发展与多元学科理论交叉研究

中国武术文化是中华民族传统文化的重要组成部分，是中华民族传统体育文化的典型与精华。中国武术文化历经几千年的历史发展至今，与多元学科理论产生了密切的联系，其在跨学科交叉与融合研究的背景下实现了更好的发展。从多元学科视角研究中国武术的发展，突破了中国武术文化的传统研究视野，以一种更加开阔的视野从多个角度审视中国武术文化的过去、现在和未来。这种开阔性的研究有助于推动中国武术文化的拓展、延伸，实现武术文化共享，并为进一步完善中国武术理论体系及不断进行创新研究而提供科学指引。本章主要对中国武术文化发展与多元学科理论的交叉展开研究，涉及文化学、社会学、教育学、人类学、民族学以及传播学等学科理论。

第一节　文化学理论与武术文化发展的交叉研究

文化学是一门非常广泛的学科，主要研究人类众多文化现象，包含众多学科知识，如哲学、文学、美学、社会学和艺术学等。中国武术文化的发展与这些学科知识有着密切的联系，多元学科知识丰富了中国武术文化的内涵，并为武术研究提供了重要的学科理论基础。

一、文化学基本理论

作为一门包含多学科知识的“大学科”，文化学主要研究与文化有关的现象及现象背后的本质。文化学包含丰富的理论与流派，形成了众多的流派与理论，如进化学派、历史学派、传播学派、功能学派、结构主义学派、认知人类学派及文化心理学派等都是文化学学科的重要理论内容。这些学派均以文化为研究对象，以不同视角及采用不同方法展开研究，促进了文化学研究水平的提升，丰富了文化学理论体系。需要注意的是，这些学派中任何一个学派都无法将人类文化的所有现象、真理等探索出来，研究是无穷尽的，所以从任何一个学派视角出发进行研究都只是研究的一部分，而不能以偏概全，更不能肯定某一流派而否定其他学派。若要大概了解文化学科，就要对各个学派及其理论有基本的认知。下面简单分析具有代表性的传播学派和功能学派。

（一）传播学派

以文化传播为主要研究对象的传播学派产生于 19 世纪末 20 世纪初，德国人类学家弗里德里希·拉策尔和李凯尔特是该学派的重要代表人物。文化学中“生存空间”这个概念就是由拉策尔提出的，这个概念指出了人类文化受到了地理环境的重大影响，各民族不同的地理环境造就了不同的民族文化。要缩小民族文化间的差异，需加强民族之间各方面的联系。在人类迁徙中出现文化传播的现象，各个民族因此而相互影响。李凯尔特认为，文化和自然相对立，文化没有普遍性的规律可言，它只是人类社会演进与发展中出现的个别现象。

传播学派对人类文化的研究与探索侧重于空间范围，试图从文化的冲突、交融、转移等方面来探索人类历史。传播学派理论指出，人类社会上产生的每一种文化现象都会向外传播，如果某种文化现象在各民族都有不同程度的传播，那么就会在民族间形成一个文化圈。不同文化现象基于客观联系而交叉传播、相互交融，从而产生新文化。

（二）功能学派

在英国诞生的功能学派是文化学的重要组成部分之一，其以社会调查为主，英国人类学家马林诺夫斯基和拉德克里夫·布朗是该学派的主要代表人物。

1. 马林诺夫斯基的功能主义理论

马林诺夫斯基对文化功能主义积极倡导，注重对文化内部各个要素的属性、功能及其相互关系进行研究，他的学术观点与传播学派、进化学派等是相对立的，也就是说他对这些学派持反对态度。他认为，社会上留存下来的物质器具和社会思想都有一个共性，那就是能够使人类的生物需要和社会需要得到满足，这是物质和思想得以传播的前提。如果它们不具备这种效能，那么就不会在人类历史上延续下去。

马林诺夫斯基的功能主义理论较为丰富，他的观点基本都集中在《科学的文化理论》一书中，他在这本书中对功能理论的研究与总结是比较系统和全面的。

2. 拉德克里夫·布朗的结构功能主义

拉德克里夫·布朗对社会、文化及二者关系的研究是从整体上进行的，倡导整体把握，不赞同将某个文化因素分列开来进行单独研究。布朗也注重研究社会结构，指出文化形成与发展是建立在一定社会结构基础上的。布朗在功能分析中集中时间和精力分析了社会结构，指出如果不对社会结构进行分析而只进行功能分析，那么无法保证功能分析结论的正确性。

布朗提出，人类对“文化”概念的运用要合理，不能滥用，并强调社会结构在文化研究中的基础作用，如果脱离这个基础，那么人类无法真正了解“文化”。而在社会体系的构建中认识文化因素在其中的地位、特征，则更有助于理解“文化”。正是由于布朗注重研究社会结构，所以其文化功能理论被称为结构功能主义理论。布朗在自己的文化功能理论中指出社会的车轮由文化“润滑”，社会秩序由文化支撑。我国传统宗法制就是一个很好的例子，宗法制一方面牢牢地将社会各个等级的人固定在本身的位置上，另一方面伦理文化作为宗法制的衍生物对社会宗法制坚定地予以捍卫。

二、中国武术文化的当代社会文化价值研究

中国武术是中华民族传统体育文化的重要项目与典型代表，中国武术文化与中华民族文化、中国地理环境、传统生产方式、社会休闲娱乐等因素都存在着密切的关系。随着中华民族传统文化的繁荣发展，中国武术作为其中一个重要组成部分也逐渐形成了文化层面的发展模式，如文化传播、文化传承、文化交流与融合等。而随着中国武术文化的不断发展，有关学者不断深入研究武术文化，常见研究项目如下。

(1)中国武术产生的社会文化基础。

(2)非遗保护视角下武术文化遗产的保护。

(3)文化全球化背景下武术文化的传播与传承。文化全球化下的传承与发展。

(4)武术文化的民族认同。

(5)武术文化与国家文化软实力及国家形象的关系等。

概括而言，上述研究项目主要是研究与探讨中国武术文化的形成机制、文化价值及作用。但从研究结果来看，很多研究只是宽泛地揭示了武术文化的当代功能与价值，对武术文化负面影响的研究较少，缺乏对武术文化独具特色的价值形成机制的阐释。

在体育全球化和文化全球化背景下，中国武术文化的发展面临更加多元化和复杂化的环境，有时这种复杂多样的环境用现代研究方式很难准确诠释。在全球化语境下，要对与武术文化相关的时空因素、观念因素、社会生产因素、情感因素、民族因素以及价值观因素等诸多现实因素进行研究是有较大难度的，而且在研究中还要考虑这些因素的相互关系，如因果关系、逻辑关系，从而对武术文化发展的内在逻辑进行探究。基于这种全球性逻辑，强调武术文化的重要社会价值及其当代价值的发挥，并明确武术全球化的本质并非既定的，而是建构性。在全球化的宏大背景下，武术的主体和价值都是多元的，武术项目丰富多样，武术文化也有不同的层次和类型，从而为人们参与武术运动和研究武术文化提供了多元的选择。

三、中国武术文化的当代转型与发展

我们常常用源远流长、博大精深等词语来赞美中国武术文化，武术文化一直都处于动态发展中，广泛传播、传承延续，并与其他文化不断交汇与融合，武术文化的发展模式一直处于不断完善中。中国武术既有突出的民族性，也有新颖的时代性，民族性和时代性的矛盾一直以来都是客观存在的，而且永远不会了结。这不仅是武术文化的特征，也是其他体育项目文化的特征，是各国体育文化的共同特征，没有哪个国家的民族传统体育只在本国发展，而与外界绝缘，相反，都是在与国外体育文化不断交流、相互借鉴的基础上前进与完善的。

在社会转型背景下，随着武术文化现代化进程的加快，武术文化必须充分发挥自身为推动社会发展而服务的当代价值，只有服务于社会，才能更好地适应社会，满足社会发展的需要，在社会环境中长远流传与发展下去。不仅是武术文化，在现代社会转型背景下进行民族传统体育文化的相关研究，都应该重点研究它们的当代社会价值，这方面的研究有助于深入认识与理解人们从事体育运动的原因及方式等深刻问题。

我们要清楚地知道，在中国武术文化的发展中，如果一味强调传统，留恋过去，而对社会环境的变化全然不顾，那么武术文化在当代社会是难以生存的，会在发展中遇到重重危机，未来将一片漆黑。中国武术文化要发展，就必须考虑转型，而不是要去定型。因此，我们应该重点研究中国武术文化的转型问题，对中国武术文化的优势及当代价值进行挖掘与应用，从而使中国武术文化更好地立足社会，传播世界。

当今社会一直强调民族文化复兴和民族文化大繁荣，因此传统武术文化的保护、传承与发展颇受政府和社会关注与重视。对中华武术文化进行弘扬与传播，最好的方式是将关于中华武术的知识、历史记忆深深刻在心里，只要有关于中国武术的思想和记忆，中国武术就不会被人遗忘。

第二节 社会学理论与武术文化发展的交叉研究

社会学是一门独立学科，产生于欧洲，时间为19世纪上半叶。社会学的产生与社会变迁有着必然的联系，社会动荡与剧烈变迁导致社会运行秩序失调，社会学就是在这样的环境下产生的，所以说它不是历史的偶然，而是社会的必然产物。社会学有丰富的理论和多种流派，各个流派的观点有所不同。现代社会学与其他人文科学存在着密切的联系，相互渗透，并产生了一些分科社会学类型，如体育社会学。体育发展与社会学理论密切相关，中华武术作为体育项目之一，在其发展中也与社会学交叉联系，密不可分。下面具体从社会学理论视角出发而分析中国武术文化发展的相关社会问题。

一、中国武术文化与社会各因素

从社会学的角度审视中国武术文化与社会各因素的关系，主要研究主题涉及下列几方面。

（一）中国武术文化与政策

中国武术文化的发展受政策的影响很大，不同历史时期国家关于武术的政策直接决定了武术在当时的发展水平。纵观中国武术的发展历史，如唐朝时期武举制的建立、明清时期的禁武政策、清代武举制的废除、晚清时期强国强种体育政策以及最近的《中国武术发展五年规划(2016—2020年)》等都给中国武术的发展带来了巨大的影响。

（二）中国武术文化与家庭

在中国武术文化的传承中，家庭或家族发挥了巨大的作用，如太极拳形成了不同形式的流派，一些拳种只在家庭或家族内部以血缘关系为基础而传承,或以模拟血缘关系的师徒传承方式进行传承。

(三)中国武术文化与经济

中国武术文化与经济的关系也很密切,比如古代流行的"穷文富武"的说法就反映了武术与经济的关系,武术发展在很大程度上受到经济的影响。经济是武术发展的基本物质条件,武术文化的传播、传承、保护及发展都需要一定的资金支持,如果经济落后,资金支持力度就很弱,就会严重影响武术的发展。有些地方虽然有丰富的传统武术资源,但因为经济落后而得不到传承与发展,从而走向消亡。

(四)中国武术文化与教育

中国武术文化的传承发展与教育息息相关,武术之所以能够历经几千年的历史而流传至今,教育功不可没。这里的教育既包括学校有组织的武术教学活动,也包括社会上的武术培训和民间习武。

二、中国武术文化与社会组织

从社会学理论视角来看,组织社会生活包括多个主题,如社会化、社会结构与社会互动,大众传媒、族群认同、群体组织,等等。在武术文化研究中,这些主题为之提供了多样化的社会学视点与观点。从社会学角度出发而进行中国武术文化的研究,能够探索如下问题的答案。

(1)武术文化的产生有哪些社会动因。

(2)武术文化发展的方式与模式如何。

(3)武术文化的交融与社会结构之间存在什么样的关系。

人们对社会文化加以学习,将自己的社会性突显出来,使自己从生物人向社会人转变,这就是人的社会化,这个过程虽然复杂,但很有必要和意义。"学武之人必须先学做人"这句话广泛流传于武术界,这就涉及武术文化与社会的关系问题。关于中国武术文化发展的社会化研究课题中,学者还可以对人们参与武术锻炼的过程、武术运动对人的影响等主题进行研究。

现代社会中代表性最强的群体组织当属社会组织。从社会学角度对中国武术文化进行研究,有必要对社会武术组织的结构、责任及其运行展开具体而深入的研究。例如,学者针对精武体育会、中央国术馆的组织问题进行了相关研究,分析这两个武术组织的地位及其对中国武术文化发展所产生的重要影响,并探讨精武体育会作为一个社团组织,为什么即使没有政府的财政支持也能壮大,并在国内外都产生巨大影响力。

在人类社会中,武术社团是具有特殊性的群体组织,这类组织以武术健身活动为主,独具特色,群众基础较为广泛,在习武爱好者群体中和中国武术界颇有影响力。阐释这类社会组织的理论对人们正确认识与理解武术文化非常有用。

社会秩序稳定是社会正常运转、人类正常生活的前提条件。但现代社会变化剧烈,有诸多社会问题和较大的社会风险,为了避免不良社会问题与社会风险对人们的生活产生严重影响,需要建立与完善社会控制机制来解决问题、抑制风险。人们在参与武术运动的过程中也有可能做出违背公德的越轨行为,武术文化对这种越轨行为是支持还是反对,需要通过对武德与社会控制的关系进行分析来了解。中华儿女对传统哲学思想是普遍遵从的,这是武德形成的基础,习武者都应该有武德,武德能够对习武者的行为进行社会化软控制,使习武者的行为符合社会规范。时至今日,武德依然以其独特的价值而积极影响着现代人的道德素质。

三、中国武术文化与社会不平等

关于中国武术文化与社会不平等的研究,常见的课题有社会阶层流动、年龄和性别分层、全球不平等,等等。不管在什么历史时期,地位差别在社会成员之间以及社会不同部分之间总是客观存在的,社会不平等主要就是由地位差别造成的。社会不平等也是社会发展的一个动力因素。我国学者在武术文化与社会不平等关系的研究中具体展开了如下课题研究。

(1)武术文化与经济不平等之间存在什么样的关系。

(2)社会不同阶层参与武术运动的方式与模式有什么不同。

(3)社会各阶层参与武术运动是否有利于实现阶层的提升。

(4)探讨一些武术拳种传男不传女、传内不传外的社会现象。

(5)尚武精神对女性习武者的影响等。

对上述课题进行分析研究，不仅有助于我们对武术文化中的不平等性及其产生根源有深入的认识，而且有助于人们在参与武术运动的过程中自我消化内心因为不平等而产生的消极心理，从而重新认识自己，肯定自己，提升自信。

四、中国武术文化与社会变迁

社会是不断运动变化的，无论是宏观社会系统，还是具体的组成部分，都在不断变化发展中。因此对武术文化与社会变迁之间的关系进行探讨，应该立足于动态的视角，这有助于我们对武术文化的变化与发展规律产生更加全面且深刻的认识。在关于中国武术文化与社会变迁关系课题的研究中，具体涉及以下几方面的主题。

（一）中国武术文化与全球化

随着世界各国、各民族、各地区之间的联系越来越密切，人类进入了全球化时代，全球化是社会发展的必然结果。在全球化时代，不同国家与不同民族之间的文化壁垒被冲破，传统意义上的国家界限也被冲破，西方文化在全球传播开来，对各地传统文化造成了一定的冲击。在全球化背景下中华民族传统文化的生存困境十分艰难，在西方强势文化的冲击下传统武术文化该如何应对，这是一个非常重要的问题。

（二）中国武术文化与社会现代化

随着传统社会向现代社会转变，社会价值观念和人们的生活方式也日益现代化，昔日与人们生活密切相关、世代相承的武术文化如今面临严重的传承困境。

（三）中国武术文化与社会城市化

我国由以农业为主的传统乡村社会逐步向以工业和服务业、高新技术产业和信息产业为主的现代城市社会转变。传统武术文化发端于乡村，不善于“动物式”迁徙，不适应城市生活环境，因而在这一社会变迁中表现出先天不足，适当对武术文化进行城市化改造才能使其在城市化进程中焕发出新的活力和保持持久的生命力。

社会总在不断变化发展,从社会学视角进行中国武术文化研究是任重而道远的。

五、中国武术文化与社会环境

体育运动和体育文化活动的开展对于构建和谐社会具有重要的促进作用。从社会环境构建的角度来看,中国武术文化对社会环境构建有如下几方面的影响。

(一)丰富社会生活

社会文化生活的内容异常丰富多彩,武术文化作为一种社会文化,更具有文化韵味。丰富多彩的武术文化活动不仅可以满足人们的娱乐性、消遣性需求,还可以满足人们自我发展的需求。武术文化活动为人们的精神文化消费提供了丰富多彩的内容和形式,成为人们社会生活中的重要组成部分。

(二)营造良好社会风气

在社会发展的稳定时期,人们在生产之余需要休闲。社会休闲可促进社会和谐。人们的休闲时间越多,就越需要理智,越需要正确的引导,否则将会给社会带来负担,如人们因为休闲生活内容不充实、简单无聊而抑郁、自杀和犯罪。武术文化活动的普及和开展对良好社会风气的形成具有重要意义和作用。①

(三)促进社会精神文明建设

武术文化活动内容丰富,有些项目颇为有趣,符合我国大众体育健身、休闲、娱乐需求,而其运动本身又是人类健康的自然需要,在活动过程中又可营造轻松和谐的氛围。因此,武术文化活动不仅可以提高人的整体素质,还对社会精神文明建设具有促进作用。

---

① 孔军.民族传统体育传承与发展研究[M].北京:人民体育出版社,2017.

第三节　教育学理论与武术文化发展的交叉研究

教育学是研究教育现象和教育问题，揭示教育规律并指导教育实践的一门社会科学。它的研究对象是教育现象（人类各种教育活动的外在形式），研究目的是为教育实践提供理论指导，告诉人们教育是什么、为什么和怎么样，研究任务是揭示教育规律，帮助人们认识教育领域事物之间的本质联系及其发展过程的必然趋势。近些年，国家大力倡导中国传统文化教育，民族传统体育学科也逐渐建立，这促进了教育学理论在武术文化发展研究中的运用。教育学理论对发掘武术的教育内涵，构建科学的武术教育理论体系起到了积极作用。

一、武术课程与教材

课程是否科学、合理，直接关系到未来人才的素质，影响未来社会的发展。我国民族传统体育项目众多，但在全国范围内设置独立课程与进行教材建设的项目很少，武术可以说是“独当一面”。近些年来国家对传统文化的重视程度不断提升，吸引更多的人了解并融入传统文化中，武术的教育问题也受到越来越多学者的关注，随之而来的研究课题非常多，常见的几个研究课题如下。

（一）武术课程的目标问题

通过武术教育，使学生对武术文化的传承和对技能的掌握要达到什么程度；为了实现课程目标，如何科学处理武术课程结构的多样性与统一性。

（二）武术课程内容的确定问题

选择武术课程内容的标准与原则是什么；各级各类学校的武术课程

分别教什么；如何有机衔接不同教育阶段的武术课程内容。

(三)武术课程的改革问题

武术课程改革的实施方案，课程改革与教师观念更新、知识更新和教学手段更新等一系列问题。

以上问题都是教育学视角下武术课程与教材研究中非常值得关注和研究的领域。

二、武术教学研究

武术教学理论与实践的研究是当前武术教育研究中成果最多、最活跃的一个分支。随着武术教学改革的深入开展，在教学实践中不断产生新经验、新体会、新教法，丰富与完善了我国武术教育理论体系。

当前武术教学亟待研究的问题主要集中在以下几个方面。

(一)武术教学的目的研究

研究内容如下。

(1)为什么要学习武术。

(2)确定教学目的的依据是什么。

(3)教学目的中包含哪些内容。

(4)从武术教学目的的演变与发展中能得出什么规律和启示。

(5)如何发挥目的的指导作用。

(6)目的中知识、技能、能力、态度各个方面到底应分多少层次。

(7)检查教学目的的方式与方法等。

(二)武术教学的方式方法研究

研究内容如下。

(1)武术教学方法有哪些。

(2)国内外各种体育教学模型的特征、教学思想、理论背景、应用范围、优劣势。

(3)如何合理评价武术教学过程。

(4)关于新的教学原理、教学方法、教学模式、教学手段的创造和应用的研究等。

(三)武术教学的组织研究

研究内容如下。

(1)武术教学过程的实质是什么。

(2)在武术教学过程中如何贯彻各项教学原则。

(3)哪种教学组织形式更适合武术教学特点。

(四)武术教学的最优化研究

研究内容如下。

(1)什么是最优化,如何达到最优化。

(2)如何评价最优化。

(3)总结因材施教的经验及提高武术教学质量的经验。

需要注意的是,武术教学研究不仅局限于学校内,随着国家和社会对武术传承的不断重视,人们习武热情也逐渐增加,通过参与武术活动进行身体锻炼的人越来越多,武术教学已由校园延伸到社会。因此,群众体育中的武术教育问题必然会成为一个研究热点。

三、武术教育技术研究

随着社会经济的飞速发展,现代教育与现代技术的联系越来越紧密,现代技术支持教学和提高教学效果的价值得到普遍认可。因此,现代教育技术已经成为一个迅速发展的新型学科领域,并逐渐渗透到各个学科的教学中。

武术教育的现代化、科学化进程离不开现代教育技术的支撑,当前武术教育与现代教育技术的结合暴露出许多急需解决的新问题,这为武术教育技术研究提供了新的方向。武术教育技术研究主要涉及如下话题。

(1)武术教育与现代教育技术之间存在哪些互动关系。

(2)在现代教育技术环境下武术教学应采用什么模式和策略。

(3)现代教育技术改善武术教学的作用在哪方面表现得最明显。

（4）在武术教学中有效应用现代教育技术的主要条件是什么。

通过上述研究，有助于选择合适的教育技术以适应武术教育的发展需要，使武术教育方法借助现代技术而发挥更大的价值。

四、武术教师专业发展

教师专业结构的不断丰富与更新的过程或专业成长的过程就是所谓的教师的专业发展。以往教育学界很长时间都没有关注教师专业发展的问题，直至20世纪80年代，教育学研究领域才出现关于教师专业发展的相关研究，到今天，不管是在国内教育研究领域，还是国外教育研究中，关于教师专业发展的研究已经成为一个热点。随后出现了各学科教师专业发展的相关研究，武术教师专业发展研究应运而生。

我国对教师专业发展的研究以教师专业发展路径、专业发展策略等内容为主，可见如何促进教师专业发展的问题受到了教育界及社会的广泛关注，这种关注是自上而下的。学者们在关于教师专业发展策略的研究中，往往从学科特点、师生特点等出发而提出培养教师的教育理念、提升教师的专业知识和技能素养以及锻炼教师的科研能力等一系列促进教师专业发展的策略，这些方面的研究成果对推动我国武术教师的专业发展具有重要的启发与指导价值。

然而，直接针对武术教师专业发展的研究较少，如较少有针对武术教师发展要求、培训机制、可持续发展模式等的研究，宽泛研究成果的实践应用价值不及针对性、具体化、专门化研究成果的实践应用价值强。总之，我国关于武术教师专业发展的研究缺乏坚实的基础，研究空间还很大，未来在专门化研究中应着重围绕下列有重要研究价值的课题展开研究。

（1）如何使武术教师明确自己的角色定位，提升他们的自主发展意识。

（2）武术教师为适应社会发展需求和武术教学改革，应如何提升与完善自己的专业知识和技能素养。

（3）如何在武术教学改革中对专业教师的科研精神、科研能力、自我反思意识进行培养。

（4）如何建立促进武术教师专业发展的保障体系，如制度保障体系、物质保障体系等。

第四节　人类学理论与武术文化发展的交叉研究

人类学是以人为研究对象的一门科学，人类学形成与发展早期主要围绕人的生物属性展开相关研究，出现了像体质人类学这样较为具体的科学分支。随着人类的进步及社会文化的繁荣发展，多样性成为人类文化最基本的特征之一，正因为有这一特征的存在，社会科学领域在人类学理论视角下的学术研究有了更为广泛的空间，随后社会人类学和文化人类学也相继形成与发展起来，为关于人的研究提供了更具专业性和针对性的理论指导。人类学理论在体育文化研究与发展中的渗透为体育文化研究提供了科学的指导，使我们从新的视角去探索和认识体育文化，包括民族传统体育文化中的武术文化。

一、体育人类学的基本理论

体育人类学进入我国的时间为20世纪80年代，由于起步较晚，因此在我国体育学科体系中，体育人类学的发展相较于其他学科较为缓慢。我国关于体育人类学的理论研究较少，体育人类学专著数量很少，在体育人类学之下也尚未形成较多具体的分支学科。当广大学者开始关注人类学这一话题后，便开始进行相关分支的研究，如对体育人类学展开科学的理论研究。人类学理论较为丰富，研究成果较多，这为体育人类学的研究提供了重要的借鉴与指导，但与此同时也使我国构建体育人类学理论面临着一定的挑战。

人类学的理论体系较为庞大，知识结构较为多元，如进化学派、传播学派、功能学派、结构主义理论、文化人类学派及社会人类学派等，基于庞大的理论体系和多元的知识结构，我们要对人类社会文化与体育的关系展开长久而深入的研究与探索，为促进人类学与体育的融合发展提供一定的理论支撑，并立足国情而构建中国民族传统体育人类学理论体系，形成中国特色。

我国关于体育人类学的研究必须重点关注以下问题。

(1)究竟是功能理论还是结构主义理论能够为民族体育文化研究提供理论支撑。

(2)在描述体育文化时，如何将格尔兹的文化学研究方法——“深描”运用其中，从而对体育文化进行多层次解释。

(3)运用体育人类学理论进行民族体育文化研究，主要能够为解决民族体育文化的哪些问题而提供科学指导。

总之，在体育人类学研究领域，要重点关注的话题是体育人类学与人类学的学科关系、体育人类学研究方法以及体育人类学在实践中的应用等。

二、人类学角度的武术认知

(一)人类学角度的武术研究意义

解释自然并非人类学的使命，对人类特有文化现象的解读与诠释才是人类学的使命，通过解读，使人类对自己的社会文化行为有更正确的认识和深刻的理解。基于人类学视角而进行传统武术文化研究，能够在传统研究的基础上有新的突破，使传统研究范式发生变化，不断深化和创新。在武术文化的传统研究中，虽然运用了西方思维，但也只是表面上看起来似乎是围绕文化进行的研究，而实际上是运用实证思想去解释武术文化。在体育学科研究中运用人类学视角展开研究，使得传统研究模式发生了改变，也使人们的传统研究思维模式和行为习惯发生了良好的转变。

(二)武术文化与人类社会的共同发展

中华民族传统武术文化在几千年的历史长河中不断与各种文化相互碰撞、紧密联系、充分融合，从而随着历史前进的步伐而不断演进与发展。中国武术文化不仅有自身的特质，还对其他文化的优秀特质予以吸收，在与其他文化不断融合的过程中实现重构，不断健全与完善。因此在关于武术文化的审视与研究中必须立足发展视角和动态理论。

在武术文化发展的历程中，无论在哪个阶段，都必须用长远眼光对武术文化的传承与发展进行探索，同样也要瞄准未来而对人类社会的长远发展进行探索，对人类体育需求的阶段特征、个性化特征而有新的了解，只有在继承优秀传统的基础上不断吸收外来优秀文化，不断改造传统武术文化中的不足，才能实现武术文化的可持续发展，推动武术文化与人类社会的共同进步与长远发展。

三、武术文化与人类健康发展

（一）人类对健康的追求

不论对人类个体来说，还是对整个国家和民族来说，“健康”都有非凡的意义，都是“必需品”。国家与民族的兴衰直接受国民体质健康水平的影响，只有全民健康，国家才有可能富强，民族才有可能振兴。健康是人类实现自我发展、自我价值及享有社会发展成果的前提条件，如果缺乏健康的体魄，其他就无从谈起。

体育运动是人类获取健康、保持健康最有效的手段，健康是人类的永恒追求，因此，体育也应该成为人类的终身生活方式和行为习惯。体育既服务于个体，也服务于群体，最终服务于全人类，我们要从人类文明的宏观视角对体育的最终目的进行探索。总之，人类对健康的需求也就是对体育的需求，这是体育发展的重要动力。

（二）武术促进健康

1. 武术促进社会进步和发展

作为一种特殊的社会文化形态，体育不但是人们获得健康和强壮体魄的重要手段，也是促进人类社会健康的重要资源。体育的价值在不同的社会发展阶段有不同的表现，在原始社会，身体活动、娱神娱己是体育呈现出的主要特征；在工业社会前期，体育的工具价值备受重视，通过发挥该价值来实现一些短期的功利性目标。而体育的健康价值和社会价值真正得以充分显示是在信息社会的“后现代”时期。这个时期也是武术显示社会价值的重要时期。

随着人民群众生活水平的提高、闲暇时间的增多以及思想观念的提升，健康和娱乐逐渐成为现代人的迫切需求，体育既能满足现代人的健康需求，也能满足其娱乐需求。武术作为体育运动之一，同样具有健康娱乐价值，通过促进个体健康而推动群体健康，进而实现全社会的健康，使整个社会在具备了健康基础条件后实现更好地发展。

2. 武术促进个体全面健康

健康是一个多维概念，体现在身体、心理、社会适应、道德等多个方面，武术运动在促进个体身心健康，培养良好道德素质，提升社会适应能力等方面具有重要意义，因而能够促进个体全面健康与发展。

（三）武术运动与全民健身

我国为推动全民健身事业发展而颁发了重要指导性文件——《全民健身计划》，这是我国大众体育管理的法规性文件。当前，我国大力发展体育事业，投入大量的资金、人力和物力，不断出台政策制度，使新时期全民健身事业的发展上升到新的高度。

中国武术是中华民族传统体育的典型项目，其符合我国民众的身心特点，能满足大众的健身需求。武术内容丰富、种类多样，选择性多，而且对场地器材的要求较低，个别项目简单易操作，适宜各个层次的人参与锻炼，因此在全民健身中有明显的发展优势。①

第五节　民族学理论与武术文化发展的交叉研究

民族学是集理论与应用于一体的一门科学，其主要研究对象为民族及民族文化。从民族学视角对民族进行研究时，全面考察民族这个具有

① 孔军．民族传统体育传承与发展研究[M]．北京：人民体育出版社，2017.

整体性的族体，对民族的起源、发展、兴衰等过程进行研究，对各民族的生产力、生产关系等进行研究，可以说民族学是以各民族发展规律为主要研究内容的一门社会科学。在民族体育的研究中，民族学这门学科的理论与学派为其提供了重要的理论依据与指导。从民族学视角展开关于中国传统武术文化的研究，能够为中国武术的研究与发展提供新的视野和广阔的空间。

一、民族体育的民族学研究

当前，我国民族体育研究存在一些问题，如民族体育的定义不统一、研究对象不明确、研究任务完成质量较差等，对我国民族体育学科的发展造成了严重影响。对此，应从民族学视角出发，以民族学理论为依据而研究民族体育的基本概念，确定民族体育的学科性质，明确民族体育的研究对象，完成相关研究任务，从而通过提供基本的民族学理论支撑来推动民族体育研究及其发展。

我国的民族学研究具有本土化，这是由中华民族的多民族构成特征所决定的。民族学本身起源于西方，其在中国社会发展中不断渗透、融合，从而改变了民族概念的内涵和外延，“民族”的含义已经不是西方民族学中所提出的含义了。因此运用民族学来研究民族体育，必须在中华民族的民族学语境下，结合中国国情而进行研究，主要对民族体育、民族传统体育、少数民族传统体育以及民俗民间体育进行研究，从而为完善民族体育学科体系提供坚实而重要的理论支撑。

二、武术文化与民族发展

民族发展必然涉及民族问题，而民族问题是指各民族在国内外发展过程中出现的一些不良社会现象，这些现象对民族关系、民族发展以及民族成员的公共利益造成了不好的影响，有损于民族的发展。民族和国家建设之间有着重要的联系，这个话题在我国民族学研究中很受重视，通过研究旨在对我国社会发展中的民族问题加以解决，促进中国社会健康持续发展。从民族学视角来研究中华武术，必须关注武术在国家建设中所处的地位、所具有的功能以及所起到的作用，从而通过发展武术文化而促进中华民族和谐、国家稳定发展。

中国武术文化中包含大量的中国传统文化，中国武术文化的产生、发展与中国传统宗教文化、道德文化、审美文化、哲学文化等都有着重要的联系，这些传统文化在中国武术的传承与发展中发挥了重要的作用，人们对武术中这些传统文化的认识与了解有助于促进其民族文化认同感的树立与强化。为了充分发挥武术文化在国家建设中的作用，推动中国武术文化在新时期的持续发展，必须保证中国武术文化的发展方向与国家发展方向高度一致，充分发挥中国武术文化促进民族团结和国家建设的重要作用。

当前，国家的现代化建设成就卓著，这必然离不开民族融合、民族文化认同这些重要的基础条件。要加快国家现代化建设进程，维持国家稳定发展的良好局面，解决国家发展问题，实现国泰民安的目标，就必须加强各民族的交流与融合，强化民族认同感，营造良好的民族大环境。在中国化语境下基于民族学理论进行武术文化研究，可具体从不同视角来展开多元化的研究，包括对武术与宗教信仰、武术与民族意识、武术与民族文化认同、武术与民族文化国际传播、武术与国家建设等内容的研究，这些研究有助于我们深刻理解武术文化与民族发展的关系，有助于促进民族和谐与国家稳定发展。只有在中国特色社会主义建设战略规划中融入武术发展、民族体育发展的内容，才能使中国武术的时代价值充分彰显与发挥出来。

三、武术文化的跨文化研究

不管是什么文化，其发展必然会受到其他文化的影响，同时也会对其他文化的发展产生影响，没有一种文化是完全封闭的。在文化全球化背景下，世界各国、各民族、各地区的文化频繁交流，文化全球化对各个国家和民族的文化都产生了重要影响。我国武术文化历史悠久，内容丰富多彩，对中国武术进行跨文化研究是文化全球化的客观要求，也是中国武术文化发展的必然要求。

在文化全球化背景下进行武术的跨文化研究，能够打破学科与区域的禁锢，使研究范围和空间更加广泛。在民族学视角下进行武术文化的跨文化研究，需要将民族学跨文化比较的方法运用其中，从多元理论视角进行文化研究，如文化相对论、文化进化论、文化传播论等视角，从而获得丰富的研究成果。此外，对中国武术文化进行跨文化研究，还能对比分析国内外武术项目的异同，同时也能对比分析不同武术拳种或流派的异同及相互关系，为武术文化的融合与传播提供新的思路。

第六节　传播学理论与武术文化发展的交叉研究

传播学是一门研究人类一切传播行为、传播过程及其规律的科学。传播学家运用不同的模式来解释信息传播的机制和本质，描绘传播过程与传播效果，预测未来传播的形势和结构等。① 传播学为民族传统体育学科研究提供了重要的理论支撑，二者结合形成了新兴学科，即民族传统体育传播学。这个学科产生的时间虽然不长，但发展较快，学科特色非常鲜明，也有自身独特的研究领域。民族传统体育传播学的产生与发展为中国武术文化传播提供了重要的理论指导。现在，互联网的普及与全面覆盖促进了大众传媒的迅速发展，大众化传播成为信息时代武术文化发展的重要渠道。中国武术的传播不同于西方竞技体育的传播，不仅要进行技术传播，而且要对技术动作背后的文化内涵进行传播。如果没有文化内涵，武术项目便黯然失色，但文化内涵的传播很难在现代媒体传播中实现，因此必须结合武术文化的独特性而探索特殊的传播与传承方式，这是武术传播研究中必须重视的一个课题。

一、不同层面的武术传播者

传播学理论指出，在任何文化现象的传播过程中，始终以传播者为起点。作为传播活动的发起者，传播者以对要传播的信息的收集、处理

---

① 周之华．中华民族体育文化多维研究导论[M]．北京：高等教育出版社，2016.

与传播为主要职责。武术传播者主要包括下列几种类型。

(一)个人

个人层面的传播者是武术文化传播的重要主体,传播武术文化的个人有职业和业余之分。在农耕时代,政府认为武术在社会上流传会导致社会不安定,因而封禁武术,限制其发展。在这种情况下,职业拳师只能投身于其他行业,而在业余时间偷偷传授拳术,习武者学习武术也主要是在空闲时间完成,平时也以从事其他职业为主。因此,在传统社会背景下,武术以个人为传播主体,传播对象也是个人,武术在个体之间进行传播与传承。

(二)组织

体育组织作为体育传播者,有不同的级别与类型,如国际体育组织、国家体育组织、行业体育组织、体育俱乐部、体育社团、体育协会等。近代以来才出现了组织一类的武术传播者,组织管理层面的传播是当时武术传播的主要渠道。武术组织中最具代表性的是 1990 年成立于北京的国际武术联合会,这个组织吸纳了诸多会员,发起了多项武术活动,促进了中国武术事业的发展,也推动了中国武术在国内外的传播。因此,我们应注重培育组织一类的武术传播者。

(三)媒介

大众传播媒体是现代社会中体育传播的主流方式。大众传媒和传统传媒相比,其优势在于打破时空和地域限制,随时随地进行广泛传播,将体育的魅力淋漓尽致地展现出来。新型传播媒体如电视、电影、无线网络等出现后,武术传播的范围更加广泛,内容更加丰富,加快了武术对外开放的步伐,使全世界都感受到武术的文化魅力。

二、武术在媒体中的传播

近代时期,我国主要通过报纸、杂志来传播武术,如 1921 年精武总会创办的《中央杂志》、1934 年中央国术馆创办的《国术旬刊》等,这些媒介有力促进了中国武术的传播与推广。随着无线电技术、广播、电视的产生，社会信息交流方式发生了革命性变革。武术传播也顺应潮流，呈现出专业化、国际化的传播趋势。在新时期，随着互联网的普及，人类信息的传播方式和传播习惯发生了巨大的改变，武术传播方式也因此而发生了翻天覆地的变化。在互联网传播媒介的支持下，武术文化信息在全球各个角落即时共享，人类能够以最快的速度获取武术信息。

电视、互联网等新兴传播媒体的出现对传统传播方式造成了极大的冲击，武术的师徒传承方式严重受挫。我们必须承认互联网技术的兴起与运用确实推动了武术的国际国内传播，提升了武术传播效率和传播效果，武术爱好者可以在互联网上搜索武术知识、图片和视频来学习与欣赏，这种学习是随时随地的，是没有时空限制的，因而极大地提升了武术的社会影响力。但武术文化的内容远远不止网络上的那些文字、图片和视频，它富含深厚的文化底蕴与丰富的文化内涵，这些文化信息是很难通过听和看而直观感知的。所以依托互联网的屏幕传播方式并不是万能的，还是要靠口传身授来传播武术文化的。如果我们只靠互联网来学习一些拳术，那么学到的可能只是一些皮毛，而只有面对面教学，口传身授，耳提面命，才能真正体会武术的魅力，感受武术的博大精深，学到武术的精髓。

第二章　传统武术的文化内涵及价值再审视

我国的传统武术具有非常悠久的历史，并且在发展过程中又不断地汲取中华传统文化的精髓，使武术文化更加丰厚、更具底蕴。本章将就传统武术的文化内涵和价值展开阐述，希望在新的社会背景下对传统武术文化进行重新审视，以期得到更具时代意义的价值与启示。具体将从武术概念、传统武术的文化内涵解析、传统武术多元价值的彰显以及传统武术文化的当代价值发掘几个方面展开。

第一节　传统武术概述

一、武术概念

(一)武术概念剖析

1. 字面上的意义

“武”字，是由“止”和“戈”构成，具有停止打仗的意思。这一说法最早出现在《说文解字》(东汉许慎所著)中。而在清代段玉裁所著的《说文解字注》中，“止”指代“人足”。因此，有学者认为，“武”的字面意义是指持戈前进去打仗。

“术”字在甲骨文中已出现，意指道路，引申为“方法”之义。因此，“武术”字面意义多被解释为搏击的方法和手段。

2. 内容上的解析

武术的本质是攻防技击，攻防技击是武术的核心。武术的发展过程，也是武术的攻防技术发展、传承的过程，武术正是由于其自身的攻防属性才得以在民间长久地被关注和传播，进而不断地发展，并成为中华传统文化的杰出代表。

武术的技击内容里包含着丰富的传统文化的思想和内涵，如哲学和辩证法里的太极说、两仪说、三才说、四象说、五行说、八卦说、阴阳说、中医经络说、天人合一说。武术的魅力也体现在它的技击技术上，其动作既符合自然界生命活动的内在规律，又具有外在的独特美感，并且还有健体强身和防身自卫的功能。每一套武术技击动作都是不断精心构思和反复推敲的结果，凝结了几千年的实践智慧，它包括武术的攻守、进退、高低起伏、虚实开合的变化以及空间上的巧妙布局，结构上攻守兼备的完美构思，每个动作之间严谨地承接转折，既符合力学原理又充分体现了武术套路动作的完美结构，总之，武术的动作中蕴含着丰富的传统文化的精髓。同时，武术文化也包含对习武者武技和武德的全面要求，它要求习武者内外兼修，既要精修技艺，也要修炼品格，只有这样才能成为令人尊敬的、高尚的武者。

对于武术运动概念的研究发现，“武术”一词最早出现在南朝《文选》颜延年《皇太子释奠会》诗中的：“偃闭武术，阐扬文令”。不过，在不同的历史时期，“武术”一词所包含的内涵也有所不同。比如，颜延年诗中“武术”，其基本意思是停止武战，发扬文治。而今天广为人知的“武术”是中华传统体育的一种，它最主要的内涵是锻炼身体、增强体质以及进行安全防护的一种手段。

综合以上研究，可以认为武术是指以技击动作为主要内容，以套路和格斗为运动形式，注重内外兼修的中国传统体育项目。

（二）武术概念的嬗变

武术的概念并非一个长久不变的稳态概念，几千年来，它随着中华文明的发展而不断进行着演变。

“武术”一词最早是对身体动作形态和运动的描述，并由此引申出包含政治、军事、哲学、美学等有关的内容。1908年7月的第六期的《东方杂志》上引载了7月12日《神州日报》的一篇文章，其名曰：“论今日国民宜崇旧有之武术”。1932年，在《国民体育实施方案》中提出，武术作为国术，原本是中华民族具有的进行身体活动的锻炼方法，既能够给人们提供相应的自卫技能，同时也是锻炼的手段。通过这个《方案》对武术概念的描述可以看到，该时期武术的军事价值已被淡化，一方面是因为时代不同，工业与科技进步早已将战争升级，摆脱了打仗主要靠身体搏斗的原始阶段；另一方面，自从20世纪20年代西方体育进入中国，使人们开始从锻炼与审美等方面重新挖掘武术的体育价值。

在西方体育思想的影响下，武术被定义为“我国民族固有之身体活动力法，一方面可以供给自卫技能，一方面亦作锻炼体格之工具”。这里面有当时时代背景的因素，一方面是民族危机鞭策人们要通过习武以振兴民族；另一方面，受到西方体育文化的影响，锻炼身体的观念逐渐发展起来并成为人们进行武术学习或其他体育运动的主要动机。总之，此时武术的概念不仅强调武术的攻防技击性，同时也强调其体育运动的功能。

20世纪50年代，我国学者们经过对武术概念的研究得出以下结论。首先，武术的攻防技击性是其本质特征；其次，武术也是一项体育运动项目；最后，武术是我国的重要的传统文化，是我国的传统体育项目。当时，学者们明确指出了“武术即是技击”这一观点的片面性，可见武术的技击属性已经退居为武术的一个属性之一，而并非最初的核心属性。1961年出版的《体育学院本科讲义·武术》一书中，将我国传统武术的概念表述为：“武术是以拳术、器械套路和有关的锻炼方法所组成的民族形式体育。它具有强筋壮骨、增进健康、锻炼意志等作用；也是我国具有悠久历史的一项民族文化遗产。”

这一时期，我国对于武术的民族体育性进行了重点强调，但是没有提及武术的技击特点，因此对武术的概念仍然存在一定的不足。

1978年，《体育系通用教材·武术》一书指出武术是在各种攻防格斗动作（踢、摔、拿、击打等）的基础上，按照各种矛盾变化（如虚实、攻防、动静、刚柔等）规律编制成的各种徒手和器械套路，这种民族体育运动形式不但能够增强体质，还能够锻炼人的意志品质，提高格斗技巧。但是这一概念的局限性在于它将武术界定为一种套路，比较狭隘。在1983

年出版的《体育系通用教材·武术》中，再次对武术的概念进行修正，该概念强调“……组成套路，或在一定条件下遵照一定的规则，两人斗智较力，形成搏斗，以此来增强体质、培养意志，训练格斗技能的体育运动”。

在1988年召开的武术研讨会上，将武术的概念表述为，“武术是以技击动作为主要内容，以套路和格斗为运动形式，注重内外兼修的中国传统体育项目。”这一概念对武术进行了较为宏观和全面的概括，是较为官方的说法，一直沿用至今。其缺点在于注重武术的技击性，而忽视了其健身性，甚至对立了两者之间的关系。

二、传统武术的特点

我国传统武术具有非常丰富的文化内涵，经过不同时代的发展，武术被赋予新的内涵并表现出不同的特点。这些特点主要体现在文化、运动和艺术方面。

（一）传统武术的文化特点

传统武术是我国传统文化的一个非常重要的组成，它甚至具有一定的文化标志意义，在国际上中华武术在某种程度上已成为中国传统文化的一个重要代言人。传统武术具有鲜明的民族文化特色，具体表现在以下几个方面。

1. 和谐的价值观

中国传统思想文化的一个基本理念就是和谐共存，它提倡人与人、人与自然、人与社会以及不同文化之间都要和谐相处，才能共同繁荣。传统武术中也具有非常朴素的天人合一的价值理念。传统武术在创造和发展完善的过程中，始终坚持追求自然和谐、师法自然的价值观。如内与外、动与静、刚与柔的对立统一，从而达到技击的最佳效果。在处理人际关系方面，也传统武术也体现出仁义至德的特点、谦和含蓄的处世精神、自强不息的励志精神、崇德扬善的侠义精神，这些精神无不反映了传统武术的和谐发展观。传统武术还具有兼容并蓄的特点，在原有的基础上，传统武术取长补短形成新的拳种，与西方竞技体育也能和谐共处。

2. 注重形神兼备

传统武术还注重形神兼备、追求“形”“神”“气”“意”的和谐统一，从而才能达到武术的最高境界。在《拳经·少林寺短打身法统宗拳谱》中提到：“百拳之法，以眼为纲。先贤曰：‘由诸心，而发诸手，眼为尊焉’。”是讲外在动作是由内而发，通过调息、运气、行力等进行相互协调而完成。所谓的“眼为尊”，是指眼为心神的门户，人的内在精神在攻防上的精妙设计，其内在精神都可以通过眼睛体现。武术的修身、养气、炼气使得个人的物质世界与精神世界相统一。在武术训练中，内练与外练都很重要，缺一不可。形神兼备是武术的灵魂，如果不能做到形神兼备，则武术则会脱离其本质内容，将不能再称之为武术。

（二）传统武术的运动特点

1. 攻防技击性

攻防技击性是武术最基本的特点，也是传统武术的核心内容。武术的产生和发展也都是围绕着这一特性而展开的。在现代武术比赛中，要求运动员遵循相应的技击规则，避免自身意外受伤以及意外伤及对手的现象出现。尽管现代武术的攻防技击规则更为严谨、详细和科学，但它是沿袭传统武术运动的攻防技巧以及武德要求而来。武术的各种套路是由各种复杂的击、打、踢、蹬等技击动作组合而成。这些动作依据人体的基本运动规律，按照某一特定目的，以某种固定的套路形成一套完整的运动形式，并且每一套动作有相应的名称，方便后人进行练习和交流。每一套武术动作都有一定的攻防杀伤力，可以自卫防身，也可以在必要的时候制服对手。因此，在古代社会，传统武术有一定的震慑性，并且还诞生了大量的文学艺术作品对武术的攻防技击性进行艺术加工和渲染，使之在民间得到广泛的传播。

2. 具有广泛的适应性

我国传统武术具有悠久的历史，在发展演变过程中形成了众多的流派和分支，并且每一种流派都具有自身独特的武术风格和内在特质。不同的武术类型有不同的技法特点和练习方法，对练习者有不同的侧重要求，因此传统武术具有广泛的适应性，无论性别、年龄、身高、体重，都可以选择合适的项目类型进行练习，并且能够得到很好的增强体质、提升意志的效果。人们可以根据自身的体质特点和兴趣爱好选择相应的运动项目。比如散打、太极、剑术等都是为大众所喜爱的体育健身项目，具有广泛的群众基础。近些年来，随着中国国力日趋强盛，中国传统文化在海外也越来越多地被传播、接受和追崇，比如中国功夫在海外有不少的追随者，这为中国传统文化的国际推广打下良好的基础。

3. 多种武术项目并存

我国传统武术体系庞杂，各个门类和派系之间盘根错节，有着很深的渊源。这也可以反映出我国传统武术的历史性和文化复杂性，但是在对传统武术进行研究、分类和管理时，也遇到较大的困难，要将内涵丰富、体系博大的传统武术进行彻底管理和分类，并非易事。但是可以根据武术形成初期的地域、社会因素等方面进行分类管理，具体可表现为以下几个方面。

(1)地域因素

中国是一个由多民族形成的国家，每个民族都有其独特的民族传统，而且我国地域辽阔、地貌丰富，各个民族的生活聚集地可能相对独立。同时，受到古代交通不便、通信不发达等因素的影响，不同地域孕育出不同的文化形态，具有相对独立的文化环境。在这样的背景下，我国的各种武术门类也受到其发源地的绝对影响，表现为武术风格的多样性，且具有一定的地域文化特征，比如常见的南派与北派就是按照地域特点而进行的分类。

(2)社会因素

我国有漫长的封建社会时期，自给自足的小农经济长期处于主导地位。并且，这种自给自足的小农意识也深深植入人们的意识层面。由于在一定地域范围内人们实现了内部商品的自给自足，从而容易满足于现状，疏于与外界的交流。这在一定程度上限制了武术文化的发展，并且带来一定的局限性和保守性。比如，在封建社会主要以血缘和宗族关系来维系和统治，等级观念明显，且具有强烈的排他性。在这一背景下，传统武术的发展与传承都表现得相当保守和封闭,“传内不传外”“传男不传女”成为主流的观念意识。但是同时这又促进了传统武术项目的相对独立,多种类型并存。

(三)传统武术的艺术特点

1. 传统武术的命名艺术

为了便于武术文化的传播和传授,我们的武术先辈们为每个武术动作或者招式都起了名字,武术动作的命名通常可以分为普通命名与艺术命名两种形式。整体来看,这些名字不仅十分生动形象,而且还具有相当丰富的艺术内涵,可以让习武者产生适当的联想,从而进入相应的习武情境。在修辞方法上,这些艺术化命名常使用比拟、夸张、借代等。例如:“鲤鱼打挺”“金鸡独立”“白鹤亮翅”“猿猴摘桃”“燕子抄水”“白蛇吐信”“梅鹿献花”“蜻蜓点水”等,这些命名都使用了比拟修辞方法,使习武者听到名字就能够对动作特点产生一定的想象,方便记忆的同时也避免了枯燥乏味。还有像“双手托山”“泰山压顶”“横扫千军”“抱山填海”等技术动作的命名则使用了夸张的手法,增加了练习的趣味性。还有一些动作命名直接借用的成语,如“笑里藏刀”“金蝉脱壳”“偷梁换柱”“釜底抽薪”。另外还有“拨草寻蛇”“兔子蹬鹰”“海底捞月”“童子拜佛”“商祖斩蟒”“太公钓鱼”“苏秦背剑”“老君开炉”等借用典故而命名武术动作。由此可见,我国传统武术动作的命名艺术非常典型,并且这种命名方式又让武术与传统文化进一步地融合,增添了我国传统武术的文化内涵,同时为武术的传播创造了良好的条件。

2. 传统武术的形神表象艺术

尽管我国传统武术流派众多、风格多元,但是在传统文化的统一语境下,各个流派的动作演练都追求“形神具备”和“天人合一”的和谐思想。“形”与“神”之间的动作表象具有很大的关联性,“形”与“神”在一套完整的技击技术中动态地达到内外统一,这使传统武术动作更具审美的艺术价值。和舞蹈表演一样,武术动作的形神表象艺术也具有一定的表演性质。同时,武术动作的结构都遵守人体运动的基本规律,在武术运动中体现的流畅性、爆发力和速度共同塑造了武术的运动美感。习武者还通过眼神和面部表情来传递信息，彰显其良好的精神状态和强大的生命力。比如醉拳，其似醉非醉的形神表象艺术给人妙趣横生的感觉，并让人产生丰富的联想的同时，享受武术的动作之美并体验到传统武术的艺术价值。

3. 传统武术的形态艺术

我国传统武术的技术形态也呈现出多样性的艺术特征，尤其是动作的表现力、动作的神韵和意境上都具有强烈的美感和艺术效果。比如武术技术动作的和谐性与连贯性，以及习武者的神态与动作的完整呼应所形成的刚柔并济的技术效果。同时，武术技术动作对表演意境的追求，对情感和内在精神的表达，无疑都使武术具有高层次的艺术内涵，它要求习武者对武术技术动作有完美的把控，实现虚实结合、情景交融，从而达到较高的艺术表现力，给人以丰富的欣赏体验。武术的形态艺术是最直观的也是最容易区别于其他艺术门类的标识，它能够帮助武术在很短的时间内被人察觉、感知、吸引和向往。武术通过其鲜明的形态艺术可以迅速地获得关注度和影响力，为武术的发展和传承创造的良好的条件。

其次，武术的形态艺术也丰富了武术文化的内涵，使得我国传统武术运动不仅仅是一项防身自卫的运动形式，同时还具有一定的教化功能和交际功能，拓宽了传统武术的社会价值和应用范围，增添了传统武术的文化魅力。

最后，传统武术的艺术元素，对培养习武者的美育也发挥着重要作用。通过训练，习武者逐渐体会和认识到武术的艺术魅力，以及人体的力量之美、形体之美以及运动之美等等。让习武过程不仅是追求武技的提高，同时也是对美感的熏陶和培养。习武不再是一件枯燥、乏味的运动，它还具有丰富的艺术审美体验。例如，文学中对武术形态之美的描绘异常精彩，例如，杜甫有形容武术的诗句“来如雷霆收震怒，罢如江海凝光”。其他形容武者风采的文字还有“追形逐影，光若仿佛，呼吸往来，不及法禁，纵横逆顺，直复不闻”，以及“俊逸处如风飘，如雪舞，厚重处如虎蹲，如象步”。可谓惟妙惟肖，令人读来神往。

三、传统武术的内容

（一）按照运动形式分类

1. 套路

套路是指以技击动作为基本元素，以达到某种目的为目标，以人体的运动规律为基本规则进行的刚柔虚实相结合的一套动作形式。根据套路演练形式可以分为单练、对练和集体演练三种套路类型。其中，单练包括拳术和器械两类内容。对练包括徒手对练、器械对练、徒手与器械对练三类内容。

（1）拳术

拳术是指徒手演练的套路。拳术包含非常丰富的类型，如长拳、太极拳、南拳、形意拳、八卦掌、八极拳、通背拳、劈卦拳、翻子拳、地躺拳、象形拳等。

（2）徒手对练套路

徒手对练套路指两人或两人以上，按照预定的武术动作程序进行的攻防格斗套路的对练。即通过运用踢、打、摔、拿等技击方法，按照攻防需要进行的拳术对练套路。常见的有别打拳、对擒拿、南拳对练、形意拳对练等。

（3）徒手与器械对练

在一方徒手、一方持某一类器械的情况下，双方进行攻防对练的套路。常见的有空手夺刀、空手夺棍等。

（4）器械对练

以器械的劈、砍、击、刺、格、挡、架、截等攻防技击方法组成的对练套路。根据器械的不同以及对练人数的不同又可以分为短器械对练、长器械对练、长与短对练、单与双对练、单与软对练、双与软对练等诸多形式。比较常见的有单刀进枪、三节棍进棍、双匕首进枪、双打棍、对刺剑、对劈刀等。

（5）手持器械套路

按照器械的不同可将手持器械武术套路分为短器械、长器械、双器械、软器械四类套路。其中短器械包括刀、剑、匕首等；长器械主要是指棍、枪、大刀等；双器械则有双刀、双剑、双钩、双枪、双锤子、双鞭等；软器械包括三节棍、九节鞭、绳标、流星锤等。具体如下：

①刀术

刀术主要是以缠头、裹脑和劈、砍、斩、撩、扎等基本刀法配合步型、步法、跳跃等动作构成的套路。刀术的特点是速度快、势头猛，激烈炫目、紧密缠身，彪悍凶狠。

②剑术

剑术主要是以刺、点、撩、挂、截、穿、崩、挑等剑法配合步型、步法、平衡、跳跃等动作构成的套路。剑术的特点是轻灵洒脱，刚柔相兼，富有韵律。

③棍术

棍术主要是以劈、扫、抡、戳、撩、挑等棍法配合步型、步法、跳跃等构成的套路。棍术的特点是横打一片，密集如雨。

④枪术

枪术主要是以拦、拿、扎枪为主，兼有崩、点、劈、穿、挑等枪法，配合步型、步法、身法等构成的套路。枪术的运动特点是力贯枪尖，上下翻飞，变幻莫测。

2. 功法运动

功法运动是指以单个动作为练习内容的运动形式，其主要目的是增强某方面的体能从而整体提高身体素质。进行功法运动可以单纯为了提高身体体质，也可以为了提高武术套路和攻防格斗的效能而练习。例如，“浑元桩”可以调心、调身、调息，长时间站“马步桩”可以增强腿力，练习“排打功”可增强人体抗击打能力，练习“打千层纸”可以提高击打能力等。传统的功法运动按其形式与功用可分为以下三种：

(1)外壮功

外壮功又称“外功”，泛指可以增强习武者的抗击打、摔跌、磕碰的能力，以达到强健筋骨的功夫运动。比较知名的有铁砂掌、鹰爪功、金刚指，以及各种排打功都属于外壮功。一般而言，外壮功与内壮功要结合练习才能达到理想的效果，所谓“内练一口气，外练筋骨皮”。

(2)内壮功

内壮功又称“内功”或“内养功”,泛指可以提高习武者对内在的精、气、神及脏腑、经络、血脉等的修炼,以达到精足、气壮、神明、内脏坚实、经络血脉通畅、内壮外强的功效。内壮功也有特定的练习功法,与外壮功相比,它的锻炼的形式以静卧、静坐、站桩为主。

(3)柔功

柔功泛指那些可以达到提高肢体关节活动幅度和肌肉伸展性能的练习功法。例如各种压腿、搬腿、撕腿、劈叉、下桥、压肩等。

传统的功法运动如“排打功”“沙包功”“木人桩功”等是提高武术专项技能的有效训练方法与手段。但是随着社会的发展,尤其是人类在科技、人体运动科学等方面的进步,也有一些功法已经被逐渐淘汰,取而代之的是更为科学的训练方法,比如“石锁功”“石孳荠功”等。由此可见,传统武术也在不断地发展变化中,在发展中适应,在变化中传承。

3. 徒手搏斗

徒手搏斗是指两人或多人在一定的规则下斗智、较力、较技的实战攻防格斗。最常见的徒手搏斗有散打、推手等。

(1)散打

散打又称散手,旧时由于比赛是在擂台上进行的,因此又称“打擂台”。现代的散打运动是指两人按照一定的规则使用踢、打、快摔等方法徒手制胜对方的竞技项目。

(2)推手

推手是指两人使用挪、捋、挤、按、探、捌、肘、靠等技法,保持一种双方粘连黏随的状态,寻机借力发力将对方推出的一种竞技项目。

(二)按照武术功能分类

1. 健身武术

健身武术顾名思义是以提高练习者的身心素质为主要目的的一种武术形式。它以武术的基本动作为练习内容,以提高全身或者某一方面的身体机能为追求,不强调攻防的有效性,也不需要练习者有多高的武术水平，只是以健身者自发参与为主、自主练习的一种健身方式。比较常见的有站桩、蹲马步、推手、太极拳等等。随着近两年国潮的兴起以及弘扬传统文化的需要，越来越多的年轻人对传统文化有了全新的认识，特别是一些健身爱好者希望选择传统体育项目进行锻炼，健身武术就是其中的一种。

2. 竞技武术

竞技武术是近年来武术传播和发展的重要形式。竞技武术作为一种竞技体育项目，要求运动员具有高水平的武术技能，并且以在比赛中获胜为主要目的，竞技武术是当前武术最高水平的代表，竞技武术运动员经过严格选拔并接受长期专业的训练之后，在竞赛中努力发挥自己的最高水平以获得最佳运动表现。因此，竞技武术具有职业化、专业化、竞技性、超负荷等特点。作为一种职业化的比赛项目，竞技武术有非常严格的规则，以保证在竞技的同时保障运动员的人身安全。目前，最具影响力的武术竞赛有世界武术锦标赛、洲际性武术比赛等。我国竞技武术比赛的最高形式是全运会，除此之外还有一些全国性的武术锦标赛，主要的竞技内容分为散打和套路两大类。

3. 实用武术

实用武术也被称为军事武术，主要是针对特殊职业群体的一些专门身体练习，比如士兵、警察、保镖等，多见于保卫部门中。实用武术是以保护自身或他人的人身安全为主要目的，因此具有很强的实用性，其锻炼内容包括擒拿、格斗散打。实用武术与健身武术和竞技武术的最大区别是具有很强的杀伤性，比如在竞技武术竞赛中明令禁止的攻击部位，是实用武术的重点攻击点。

四、传统武术的流派

传统武术的流派繁复庞杂、门类众多。在进行研究和管理时常常按照地域和风格进行分类。

（一）按地域分类

1. 黄河流域派与长江流域派

民国初年《中国精武会章程》等书中，提到了黄河流域派与长江流域派，这种分派方式主要是以江河流域分派。

2. 南派与北派

民国时期陆师通《北拳汇编》等书中使用南派与北派的分法。在我国南方地区流传的传统武术以拳法多、腿法较少为特点，其动作紧凑细密，短促多变，力道充沛果断；而北方流传的武术以腿法丰富取胜，特点是动作起伏明显，上下翻飞，气势强劲，故有“南拳北腿”之称。

（二）按风格分类

1. 长拳与短打

明代戚继光的《纪效新书》中记载了宋太祖三十二式长拳，还有“张伯敬之打”“李半天之腿”“千跌张之跌”和“鹰爪王之拿”等不同流派。后来人们将遐举遥击、大开大合、松长舒展的拳术称为长拳；而贴身近战、势险节短、动作幅度小、多变莫测的拳术称为短打。

2. 内家拳与外家拳

在清初黄宗羲撰写的《王征南墓志铭》中提到“少林以拳勇名天下，然主于搏人，人亦得以乘之。有所谓内家者，以静制动，犯者应手即仆，故别于少林为外家”。明清之际的内家拳仅是一个拳种，外家拳仅指少林拳，到民国期间发展成“凡主于搏人”“亦足以通利关节”者，概称“外家拳”；凡注重“以静制动”“得于导引者为多”皆称为内家拳，后来有把太极拳、形意拳、八卦拳也归为内家拳。

第二节 传统武术的文化内涵解析

一、传统武术的价值观念

（一）兼容并包

价值观是人们生活和工作中对周围客观事物的意义、重要性的总体评价，以及个人的价值追求和价值主张。一个人的价值观反映出一个人最核心的处世立场和行为指导，也是认识和了解一个人的最重要的依据。同样的，每种文化也具有其特定的价值观属性，并且这种价值观将决定和影响着该文化的发展变化以及存在状态。

中国传统的武术文化本身就具有鲜明的价值取向，它整体体现为兼容并包又个性分明。在我国的传统武术套路中有一百多个自成体系的拳种、五千多种器械套路。这些拳法以及器械套路一方面表现为风格迥异、各具特色，另一方面又体现为一种包容多元、求同存异、和谐发展的价值观念。这其实反映了中华文明的多元性与包容性。“兼容并包”是我国传统文化的重要内容，在这一文化价值观的影响下，中国56个民族共同发展、繁荣，并且相得益彰、大放异彩，它丰富了中华传统文化的内涵，使它们能够各自发挥自己的优势并代代流传。

（二）辩证传承

传统武术文化的价值观体现为一种辩证传承的特点。在长达数千年的封建文化统治过程中，几经不同朝代统治者的限制与禁止，武术文化依然在传承与创新中不断地发展变化而来，这一发展过程表现为适应的发展、辩证的传承过程。既继承其文化精华，舍弃其文化糟粕，经历了时间的洗礼和演化，使得传统武术文化更具生命力，也更加适应社会的发展变化。

当代，在对传统文化的传承和发展中，同样应该用辩证的方式进行思考和继承。打破历史的局限，也谨防被当下的狭隘眼光所局限，应该使用科学发展观来重新思考和衡量武术文化的价值，只有这样才能保证传统武术在今后能够继续健康地发展下去。

二、传统武术的思维方式

思维方式同样是一种文化系统的内在特征，它具有普遍性、持久性和相对稳定性，是人们看待事物的一种角度。比如，来自不同国家、不同文化背景的人看待同一事物的角度可能完全不同，观点可能也会迥然不同，会有极大的反差，这就是不同的思维方式带来的结果。

传统武术的思维方式主要包括整体思维方式、直觉体悟思维方式、内向性思维方式。

（一）整体思维方式

整体思维方式强调从宏观上认识和把握对象，它的特点是高度抽象，例如太极、阴阳、五行、四时、八卦等都是建立在整体思维的基础之上的。传统武术的整体思维以天人合一观、形神兼备观、阴阳和谐观为代表，都是从整体出发，认为人和自然应该是一体的，在本质上是相通的，因此要相结合地理解和认识。

“推天道以明人事”是中国人特有的思维方式。认为人类的一切活动应顺应自然才能获得生存和发展。在传统武术的文化中，认为人体的运动应顺应自然，包括四季和方位的变换，最高境界是人体与自然要高度的统一与和谐。“外练手眼身法步，内练精气神力功”也是我国传统武术的练习心法，它将让习武者首先具有整体观念，要认识到练功是一个内外兼修、形神共养的过程，认为人与宇宙自然存在在紧密的联系，习武者应该去体悟和顺应“天道”，才能真正掌握武术技艺与武术文化的精髓。因而在传统体育的实践中必须使前者适应后者、顺乎后者，达到二者的统一与一致，方能实现最终的目的。

但是整体思维方式也有它的不足和局限性。比如，整体思维欠缺逻辑和推理，重整体而轻局部，整体上高度自洽但是欠缺足够的理论支持，给人以含糊不明的感觉。

（二）直觉体悟思维方式

直觉体悟思维方式指认识的主体主要凭借自己的本体感觉来认识事物，依据自身的情感去体验事物，而非按照逻辑推理和因果关系的必然结果来认识事物。思维欠缺连续性，比较跳跃，以顿悟的方式来推进对事物的认识和理解程度。其核心是用主体感觉代替理性思维，将自己的体验作为思维的核心和出发点。在传统武术中，习武者倚重直觉和体悟的方式来理解拳法和各种技巧。这种思维方式的不足之处是难以控制进度和结果，因为每个人的顿悟是不同的，是不可预知的，只能耐心等待。传统武术讲究意识、意境和意蕴，这些都很难用逻辑去推理和论证，也很难形成有效的方法论去指导习武者循序渐进地提高技艺，只能依赖习武者个人的悟性和体验。

（三）内向性思维方式

内向性思维方式是中国人典型的思维方式，它指向探求人的内心世界，以人类自身的情感及思维作为出发点，侧重研究人的精神世界，具有很强的自我反思倾向。在传统武术文化的发展过程中，师徒之间的技艺传承，对习武者的训练除了教授基本的套路和动作之外，常常还包括师父对徒弟的启发式教导，这种启发指的是引导习武者从自身出发向内探索和思考。因此，中国的传统武术文化中，包含非常多的自省、向内求的文化，这是深受儒家文化的影响所致，儒家思想主张凡是向内求，行有不得反求诸己。古代先贤孟子讲“穷则独善其身，达则兼济天下”，也就是说独善其身是对一个人最基本的要求，然而真的做到“达”的境界是非常难的事情，因此在这种思维方式主导下，古代的习武者往往强调独善其身的追求倾向，它有时候也会发展为个人英雄主义。内向性思维方式整体上对习武者提出高度自律、自强不息的道德要求，这是一种非常正向的思维方式，但是其不足之处在于强调向内求的同时，也应该发展“向外”的求索，积极建立与现实世界的关系。内求正见，外求通达。

第三节　传统武术多元价值的彰显

一、传统武术的健身价值

传统武术作为中国传统体育项目的重要内容，自古民间就有"通过习武而强身健体"的传统，至今仍然发挥着重要的健身价值。随着全民健身的火热开展，人们无论年龄与职业都积极响应，纷纷选择适合自身特点和兴趣爱好运动项目加强身体锻炼，提高生活质量。和其他运动项目相比，传统武术具有得天独厚的优势。首先，我国的传统武术具有悠久的历史，在民间拥有大量的爱好者和追随者，当人们选择健身项目时往往会优先选择武术进行练习。其次，练习传统武术不仅能增强体质、磨炼意志、提高身体机能，同时还具有一定的文化内涵，也体现着练习者的一种文化追求。最后，武术作为各种文学艺术作品的重要题材，特别是经过众多影视作品的艺术加工后，在民间尤其是青少年对武术具有某种特殊的情结，学习一套拳法或者武术的一招半式，不仅能够锻炼身体还可以满足自己的武侠梦。因此，传统武术在今天具有重要的健身价值。

传统武术有着众多的门类和项目，不同地区的人们有不同的偏好，但是各种形式的武术项目都有其独特的价值，通过一定时间的练习不仅能使身体更加强健，而且对心理状态和情绪都有积极的调节作用。通常可以通过以下几个方面来体现。

(一)对神经系统的影响

神经系统是由中枢神经与周围神经共同组成，前者由脑和脊髓组成，后者遍布全身各处。神经系统对人体的各个器官、组织具有主导作用，主要起到调节和控制人体活动的作用，同时协调机体整体的健康发展。在应对外界的不同环境变化时，也起到迅速适应、及时调整的作用，是机体与外界保持相对的稳定适应。

通过进行长期的武术练习，可以加强机体神经系统的灵敏性和协调性，从而可以在一定程度上提高神经系统整体的机能。

（二）对呼吸系统的影响

呼吸系统是指人体与外界进行气体交换的一系列器官的总称，包括鼻、咽、喉、气管、支气管及由大量的肺泡、血管、淋巴管、神经构成的肺，以及胸膜等组织。在机体的生命活动中，经由呼吸系统从外界吸收新鲜的氧气，通过循环系统把氧气运输到相关细胞和组织中，经过一系列的氧化过程，产生组织、细胞活动所必需的能量；在氧化过程中产生的二氧化碳再被循环系统运送给呼吸系统并将其呼出体外，这就是呼吸的全过程。

武术练习中非常讲究对“精”“气”“神”的追求。其中的“气”主要就是指呼吸，因为呼吸在运动中关系着运动的持久性，也关系着劲力的推动，即所谓以气催力。武术运动结构复杂，动作变换快速，这些都需要气息，也就是呼吸的有力支持。武术运动讲究“气沉丹田”的腹式呼吸法，这是对动作的平稳与持久的基本保障。除了“气要沉”之外，还有“提”“托”“聚”三法，合起来即“提、托、聚、沉”。可以说，通过对武术和呼吸的练习，可以有效地增强机体呼吸系统的功能，对提高人体的心肺功能、促进新陈代谢和增强免疫力都有一定的作用。

（三）对循环系统的影响

循环系统是分布于机体全身各处的连续封闭管道系统，包括心血管系统和淋巴系统。心血管系统内循环流动的是血液，淋巴系统内流动的是淋巴液。淋巴液沿着一系列的淋巴管道向心流动，最终汇入静脉，因此淋巴系统也可认为是静脉系统的辅助部分。血液循环主要由心脏和血管组成，血液循环就是向机体内的系统、器官和细胞中输送氧气和营养物质，向排泄器官输送组织细胞中产生的代谢产物的过程。和呼吸一样，机体无时无刻不在进行着循环运动，经常进行武术运动可以循序渐进地提高循环系统的功能，从而可以从整体上增强体质。

二、传统武术的防卫价值

（一）公共安全

在古代中国，特别是火器时代之前的战争主要依靠士兵搏斗作战能力，因此需要士兵掌握一定的武术和功夫，因此在当时的社会背景下，武术具有强烈的军事色彩，它关系到国家的公共安全和民族的生死存亡。而在现代社会，公安、武警、特警、保安等准军事的特种职业中，依然很重视搏斗、擒拿等格斗技能。这些职业的共同特点就是他们肩负着社会治安和管理的责任，不时地会面对犯罪分子而需要通过擒拿格斗将其制服，因此，对于这些特殊职业者而言，学习武术是他们的职业需要。通常他们要学习的包括擒拿、散打和空手夺械。这是传统武术防卫价值在现代社会的主要体现形式。

（二）防身自卫

在现代社会，世界上的绝大多数国家都处于和平发展的时期，绝大多数人们可以在治安良好的社会环境中安心地生活和工作。尤其当今中国可谓国泰民安，社会安定、人民团结，全体国民在朝着全面实现小康社会而努力奋斗，社会呈现出高度文明繁荣的景象。但是即使在这样的大环境下，也不能完全杜绝个别的人身伤害事件的发生，特别是一些年轻女性和在校学生群体，应该加强自我防卫技能的学习。传统武术就是一个很好的选择。通过学习武术，能很好地起到自卫防身的作用，而且现在有越来越多的年轻女性重视起安全问题，她们积极学习各种防身术和其他防卫手段，可有效提升女性的公共安全以及减少校园霸凌等事件的发生。

三、传统武术的教育价值

（一）提升意志品质

传统武术不仅可以强壮体魄，提高人体的健康水平，同时还对培养顽强的意志品质具有重要的促进作用。从开始学习武术到具备一定的技能水平，整个过程几乎无时无刻不在考验练习者的意志品质。和学习其他传统技艺一样，刚起步的时候都是从苦练基本功开始，而且传统技艺的训练方式是相对单调和枯燥的，它是通过用一种极为严苛的方式来训练初学者，这对于很多人来讲都是一种巨大的考验，需要学习者具有明确的学习动机和坚韧的品质，才能熬过最初的各种疼痛和不适。在进行套路的学习时，也常常以一遍遍地重复某一动作为练习内容，同时还要忍受住练习时各种拍、打、摔等动作带来的疼痛感，这些都是在挑战练习者的意志品质。但是，通过一次次克服恐惧、迎难而上并取得进步时，也达到磨炼意志的效果，并培养了练习者勇敢顽强、积极进取的精神气质。

（二）提高道德素质

传统武术文化中讲究“文以评心，武以观德”，这显示出武术文化对武德格外重视。无论是哪个流派对习武者的道德修养都有非常高的要求，甚至认为武德的重要性要高于武艺，因此自古武术文化中都非常重视对武德的教育。习武之人追求“扬善惩恶”的道德观念，至今民间仍流传着古时为弱势百姓主持正义的侠客的传说和佳话。因此，传统武术自古就有很高的道德声望，并且也让后来的学习者自觉以较高的道德标准要求自己。

传统武术运动中隐含着很多重要的道德要求，它潜移默化地塑造着习武之人的内在品质和心理素质。习武之人讲究“一身正气”，是指接受武术训练或武术文化教养的人应该由内而外地散发着正直、正派和正义的精神面貌。这其实就意味着武德的教育并非仅仅是意识层面的教诲，而是对人的行为举止、身体姿态，甚至神情面容都有具体的要求。因此，武术对人的道德教育是渗透到武术训练之中的，只有对武术文化底蕴进行深入挖掘与研究，才能客观、全面地认识传统武术的教育意义。

（三）加强民族团结

武术作为传统文化的一种，也是民间进行交流和沟通的重要途径。中华民族是一个多民族组成的国家，不同民族、不同地域的人们有不同的语言和生活习惯，也由此产生不同的审美意识和风俗习惯。各个民族在交往和交流的过程中，武术发挥了跨语言交流的重要功能。我国的传统武术推崇侠义正气、扶弱济贫，这背后的正义、担当、勇敢的高尚道德情操是一种普世的价值观，它可以跨越任何地域或语言的阻隔，让各民族人民紧密地团结起来，加强民族凝聚力与认同感。

第四节　传统武术文化的当代价值发掘

传统武术文化蕴含着丰厚的人文价值，带给后人无穷的滋养。然而这些文化价值在不同的时代又有不同的侧重和不同的含义。在当代的语境下，传统武术的伸张正义、厚德载物、自强不息等依然发挥着重要的价值导向作用，与此同时，还有一些新的当代价值需要进一步的挖掘和明晰。总之，传统武术文化的当代价值可包含以下几个方面。

一、自强不息

自强不息、厚德载物，这是传统武术最深层、最根本的精神追求。自强是指对自己的要求，它要求习武者要积极向上，强调个人是命运的主宰，鼓励人们通过自己的努力和拼搏使自己变得更强大，从而改变命运。在古代，人们也把习武当作一种培养和教育儿童的重要途径。通过在年纪较小的时候学习武术，可以很好地培养儿童和青少年养成刻苦拼搏、自强不息的性格品质。因为习武是一件异常艰苦的活动，为了练就过人的本领，习武者往往通过增加训练难度来挑战自身的弱点和惰性。比如，过去的练功者讲究“夏练三伏、冬练三九”，就是试图用最艰苦的条件来磨炼习武者的意志，从而造就和培养练功之人的强大耐力和过人的武功。

其实，无论是古代社会还是当代社会，自强不息都是永恒不变的生存智慧，每个人都应该始终铭记在心。但是人常常是健忘和懈怠，通过武术的弘扬和强调，相信这种自强不息的精神追求会起到很好的教育作用。

二、厚德载物

厚德载物是武术修炼对道德的高度重视和对习武者的严厉要求。它要求习武者首先要具备高尚的道德情操，之后才能有承载万物的能力和修养。一个人的武德决定着他的武术所能达到的最高境界。道德经中有“上善若水，水利万物而不争”。这也正是武术的至高境界，虽然武术表现为一种格斗搏杀的形式，然而其内在的价值追求却是不争，这是对道德修养的极高要求，并非武术高强就能达到这样的水准。因此，几千年来“自强不息、厚德载物”一直是武术所提倡的价值追求，是武术很好地融合了传统文化的精髓的重要体现，同时，通过武术这一特殊的活动形式，将我国传统文化中优秀的价值观念和道德追求进行广泛的传播和普及。

人们对美好道德的追求是可以跨越时间和空间的，厚德载物是古老的中华文化对高尚的道德情操最质朴的追求，在当代，它对创建文明社会仍然发挥着极为重要的作用。

三、和谐发展

和谐发展是传统武术文化的内在特点，反映了中华民族独特的思维模式和价值取向。和谐思想是中华传统文化的核心思想，在方方面面都发挥着重要的指导作用。同样的，和谐的价值观在传统武术的发展过程中也不断地被提及和强调。它提倡习武者自身的和谐、人与人之间的和谐以及人与自然之间的和谐。另外，武术讲究内外兼修，讲究武技和武德的相伴相生，同样是提倡和谐发展的重要体现。在《少林七十二艺练法》中，秒兴大师曾提到技击之道尚德不尚力，就是讲求武德与武术需要和谐与平衡发展。另外，传统的武术文化还讲究身体和精神应时刻处于和谐之中，比如形意拳要求外三合和内三合，太极拳要求上下相随、内外一体等，这些无不体现着传统武术对和谐发展的重视。和谐发展的思想对当今社会以及个人的健康发展，同样起着重要的指导作用。

四、以武入道

以武入道是指我国传统武术文化中对人生观、价值观的折射，从而对广大人民产生潜移默化的影响作用。所谓的道就是万事万物的发生发展所遵从的最质朴、最核心的自然法则，它是客观存在的至高原理，是不会以人的意志和喜好而发生转移的。武术文化其实是融合吸取了中华传统文化中许多的文化精髓，并根据自身的发展需要进行合理的融合和阐释。一方面，这提高了武术文化的文化高度，另一方面，也令优秀的传统文化得到继承与发扬。在当代，对武术文化的弘扬其实也是对其所承载的“道”的弘扬，人们追求真理、尊重自然的追求是属于任何时代的主流价值观念，永远不会过时。

第三章　传统武术文化的传承要素再审视

随着国家对中国传统文化传承、保护及发展的不断重视，传统武术文化作为中国传统文化的优秀代表再次受到密切关注与高度重视。传统武术文化传承体系包含多个要素，但我国关于传统武术文化传承要素的研究主要集中在传承人和传承方式上，对其他要素诸如传承环境、传承管理等的研究比较少，研究缺乏整体性和全面性，因此有必要从系统与整体的角度再次审视传统武术文化的传承要素，不断优化与完善传统武术文化传承的结构体系，促进传统武术文化的持续传承与健康发展。

第一节　传统武术文化的传承者

一、传统武术文化传承者的概念

传统武术文化的传承者是非常重要的武术传承主体，是武术传授者和武术继承者的统称。有学者指出，“传统武术文化传承者应当是能熟练掌握国家或者地方政府认定的武术非遗项目，并在武术领域有较大影响力，为公众所认同，并能积极开展武术传承活动的个体”①。

传统武术文化之所以能够传承与延续下来，主要就是因为有传授者

① 任宏庆．中国传统武术传承与发展策略研究[D]．曲阜师范大学，2014.

的持续输出和继承者的不断接续。有“传”就有“承”，可以一对一传承、一对多传承，也可以多对多传承或多对一传承，传承方式丰富多样。古代时期传统武术文化的传承方式以师徒传承或血缘传承为主，由父兄、师者或尊长向后辈传授武术。随着历史的变迁与社会的发展，传统单一的师徒传承、血缘传承等传承方式受到冲击，传承内容与传承方式都呈现出多元化的趋势。但不管是单一传承方式，还是多元传承方式，始终离不开传承者的主体作用，传承者是武术传承发展的活态载体，是传统武术文化持续发展的关键因素。

二、传统武术文化传承者的分类

从传承者的法律界定来看，传承者有两种类型，一种是代表性传承者，也就是专业传承者，另一种是普通传承者，也就是业余传承者。下面简单介绍这两类武术传承者。

（一）代表性传承者

代表性传承者包括四个层级，分别是国家级传承者、省级传承者、市级传承者以及县级传承者，这四个级别的代表性传承者是经过文化部门认定的专业传承者。

武术代表性传承者是狭义层面的武术传承者，认定这类传承者的主体必须是政府有关部门。武术代表性传承者引领武术文化传承，尽可能将武术非遗项目的文化价值完整保留下来，并且发挥自身智力和创造力而对武术文化的其他价值进行开发运用，这是代表性传承者的重要价值体现。

（二）普通传承者

普通传承者指的是对武术知识、技艺有一定的掌握，对武术传播与传承起到积极促进作用的传承者，这是广义层面的武术传承者，它的定义范围非常广，包含所有对武术传承做出贡献的个体。

在传统武术文化传承活动中，普通传承者是主要动力来源。普通传承者数量较多，因此拓展了武术传承活动的范围。

传统武术文化的传承既需要代表性传承者进行专业性传承，也需要普通传承者在业余时间进行广泛传承，只有二者共同发挥作用，才能真正对武术传承与发展起到积极促进作用。

三、传统武术文化传承者的权利与义务

（一）传承者的权利

在评选与确定传承者时，要提前明确规定传承者的权利和义务。传承人具有依靠自己的技能开展相关活动的权利，这些活动主要包括讲学、学术研究、传艺以及创作等，法律保护传承人的这一权利。

传统武术文化传承者的权利是多样性的，具体包括传艺、讲学、学术研究以及出版表演等，法律对这些权利的保护主要体现在民事法律和非物质文化遗产保护方面的相关制度中。传统武术非遗的代表性传承人一经国家认定，法律就保护其收入及基本生活。如果传承人生活有困难，政府就按全国统一规定给予经济补贴，各地还可以从自身经济条件出发而规定一些与本地情况相统一的事项。给予武术传承人经济补贴的目的主要有以下两个方面：一方面，保障传统武术传承者的基本生活，使其专注于武术文化的传承工作。另一方面，通过保护传承者的权利而使其职业受到人民群众的尊重，从而促进传统武术文化传承活动顺利开展。

（二）传承者的义务

传承者的合法权利应当受到法律的保护，与此同时，法律也规定了传承者的基本义务。传承者应该完整保存自己所掌握的知识、技艺及相关的原始资料、场所、建筑物以及实物等内容，依法开展武术非遗的展示与传播等活动。传承者应该按照师承形式或者其他方式而进行一年一度的对新的传承者的选择与培养。条件允许时，传承者可以通过书面著作来传承传统武术文化。

传统武术传承者要严格履行自己的义务，向后人传授个人技艺。享有国家经济补贴的传承者更要自觉并自愿地传授技艺。这种义务体现

在两个方面：一是保存传承技艺所必备的物质条件；二是保持技艺的完整性。①

四、传统武术文化传承者的培养

（一）培养原则

1. 整体性原则

传统武术文化传承者培养的整体性原则包含下列几方面的含义。

第一，传统武术文化传承者的培养方式必须科学有效，在培养中传播传统武术中蕴含的文化精髓，实现外在培养方式与内在吸收的有机结合。

第二，在传统武术文化传承者的培养中坚持认知因素与非认知因素的有机结合与相互统一，其中认知因素包含武术知识和相关智能因素，在传承者培养中要使培养对象掌握基本知识，形成相应的智能。非认知因素是指培养对象学习与传承武术的兴趣、态度等，将认知因素与非认知因素有机结合起来，有助于提高传承者的综合素质。

第三，将与武术传承者培养相关的各要素整合起来，构建与完善传承者培养的结构体系，对各要素之间的关系进行有机调节，保证培养工作的顺利开展。

2. 因材施教原则

传统武术文化传承的不断发展对武术传承者的培养提出了新的要求，为了适应与满足新要求，应该对传统的单一师徒制武术人才培养方式进行改革，建立新的师生关系，针对培养对象的实际情况而进行因材施教，突出培养的针对性，提升培养的实效性，从而通过科学培养而使培养对象形成正确的武术观、传承观，使其将武术知识、技能牢牢掌握好，为将来成为优秀的武术传承者而奠定基础。

① 虞定海，牛爱军．中国武术传承研究 非物质文化遗产视角[M]．北京：人民体育出版社，2010．

3. 有序性原则

传统武术有很多复杂的拳法和套路，对这些复杂内容的传承必须有步骤、有次序，循序渐进，所以培养武术传承者也要贯彻有序性原则，先进行基本动作和基本功的传授，再进行组合动作和套路动作的传授，如果不坚持有序性原则，则被培养者的记忆就容易混乱，从而影响培养效果，影响武术的未来传承。

4. 乐学原则

在教育教学和人才培养中，主动学习的效率远远高于被动学习的效率。因此在武术传承者的培养中，必须对培养对象的习武热情和创造热情进行激发，启发培养对象的思维，打破传统思维的禁锢，提升培养对象学习的积极主动性和持久兴趣，使培养对象进行创造性的学习和传承。

5. 重复原则

武术的学习和传承是永无止境的，并不是说只要学会武术技能就可以了，学会只是个开始，是最基本的条件，而只有在学会的基础上坚持不懈地反复练习，才能真正掌握武术的精髓，理解武术的本质，达到形与神、内与外、静与动的统一，如此才算是真正学有所成。因此在武术传承者的培养中必须坚持重复练习的原则，培养被培育者坚持不懈的精神和坚韧不拔的毅力。

6. 调整原则

在武术文化传承中，反馈调节是非常重要的一个环节，习武中一招一式都有严格标准，只有符合标准的动作才有武术的韵味，否则就是花拳绣腿。因此在武术传承者培养中必须重视反馈，根据反馈而调整培养方式，优化培养体系，提高培养效果，最终使武术文化传承的完整性与实用性有所保障。

(二)培养方式

1. 创办武校

创办武术学校是培养传统武术传承者的重要方式之一,武校的教学内容既有文化课内容,也有专业课内容,将二者有机结合起来。这样既不会使学生落下文化课,又不会影响武术学习效果,文化课学习和武术学习互不冲突,有利于同时提升学生的文化知识素养和武术技能水平,也能培养学生坚韧的意志品质和积极的学习态度,而这正是武术传承者应该具备的品质。

武校办学育人的理念是正确的,文化课和武术课的比例旗鼓相当,根据社会需要和武术传承发展需要而对相关课程内容进行设置与调整,使学生既能像普通学校的同龄学生一样学习文化知识,又能掌握武术文化知识和武术技能,成为中国武术文化传承者的接班人。

2. 构建职业体系

在武术传承者的培养方式中,学校教育是最基本和最常见的一种,学校教育在培养传承者方面有自身独特的优势,发挥着巨大的作用,但与此同时也存在不足,如教育内容范围狭窄,教学效果缺乏延续性,等等,因此有必要通过构建职业体系而弥补学校教育的不足。构建职业体系就要健全武术段位的审核机制,提升武术传承者的专业水平,提升各级培养单位的培养效果。现阶段我国武术段位的考核机制存在漏洞,针对性不强,因此武术专家应与有关部门共同完善这一机制,构建职业体系,为武术文化传承者的培养提供科学的依据。

3. 开展社会培训

在信息时代,信息传播方式丰富而便捷,依托先进的信息化手段、自媒体手段而开展社会武术培训,能够提升培训的效率和效果,提升武术传承者培养对象的专业素养。新兴培训方式能够给人们呈现出形象而直观的图片、视频,这比纯文字的传统传播方式更为丰富、有趣,大大提升了武术传承者培养对象的学习兴趣与效率。

五、传统武术文化传承者的认定

(一)调查

武术传承者普查是武术传承者认定和传承者保护的第一环节。中国武术有众多拳种,每个拳种都有自身的独特性,一些较为成熟的拳种拥有科学而清晰的拳理,有独特的风格,自成体系,在人类历史上广泛而有序地流传。武术的每个项目都是人类历史智慧的结晶与创新的成果,非常宝贵,因此必须重视它们的传承,加强对优秀传承主体的培育。我们要树立全局观,对武术传承者的基本情况有准确而全面的了解,对武术传承者的档案进行建立,并不断更新与完善信息,从整体上保护传承者,避免仅有少数优秀拳种的传承者受到保护,而其他冷门拳种的传承者被国家和社会所忽视。保护武术传承者,首先要展开调查工作,各级武术管理部门、民间武术组织都要积极参与这项工作,而且要求武术专家积极协作,从而使传承者普查工作更加科学、全面。

为保证武术传承的延续性,促进武术的可持续发展,在武术传承者普查中要将传承谱系、传承链理清,了解传承者具体对哪些技艺进行了传承,传承者为传承武术文化做出了哪些创举,等等。在普查工作的具体开展中,要先明确调查对象,然后采访传承者本人及其同行,展开多方面调查,将他们的代表作和主要贡献记录下来,并以文字、录像等方式真实而详细地记录他们所传承的武术技术。

(二)认定

国家文化部门负责传统武术文化传承者的认定工作,在认定过程中体育部门也会向文化部门提供辅助。我国国家级非遗代表性传承者要符合下列条件才有可能得到官方认定。

第一,对国家级非遗项目有所掌握并予以承续。

第二,其在一定领域或区域具有重要的代表性和广泛的影响力,并得到该领域或区域相关人员的一致认可。

第三,对非遗传承活动积极开展,对非遗传承的后备人才进行培养。

参考非遗传承者应具备的几个条件,我们可以得出认定传统武术文化传承者,主要判断其是否具备如下几条标准。

第一,对某个武术项目的技术理论有系统而全面的掌握。

第二,在某个武术项目领域的权威性很高,影响力很大,其作为该领域的杰出代表得到了大家的公认。

第三,对某个武术项目的传承谱系十分清晰,热爱传承事业,对传承工作高度负责。

需要注意的是,如果武术传承者的候选者符合上述标准与条件,但对自己所掌握的武术技艺秘而不宣,"据为己有",那么国家文化部门便不能认定其为代表性武术文化传承者。

(三)建档

国家文化部门认定武术传承者的身份后,各地武术管理部门对传承者数字档案统一进行建立,传承者的基本个人信息、持有的武术影像资料、优秀作品、掌握的传承谱系以及取得的传承业绩等都会被统计到数字档案中。建立传承者档案后,向上级部门报备,国家武术管理中心根据各地报备而进行备案,从而对武术传承者进行统一而规范的管理。

为武术传承者建立数字档案具有以下几方面的优势与作用。

(1)不占用物理空间,可以使图文声像与数字信息实现方便灵活的双向转换。

(2)便于编辑和修改资料,也可随时增补信息或删除信息,可以进行档案备份,以防文件损坏。

(3)网络传输快捷、高效。

(4)检索、调用档案信息十分方便、迅速。

(5)为明确传承者的责任与权利、对传承者进行统一指导和督导而奠定基础。

(四)命名

经过上面三个步骤之后,向县级以上武术管理部门提供关于筛选出来的与认定标准和条件相符的传承者的基本材料,同时也要对认定对象的习武或传承经历、能够证明其技艺水平的相关材料、代表性传承者申请资料等予以提供。县级以上武术管理部门接收材料后向上级武术管理部门(省级)报送,然后上级再向国家武术管理中心报送。负责接收地方武术传承者申报材料的国家武术管理社会部组织武术保护委员会的专家进行严格审核，然后再向国家文化部门报送。文化部门将经过严格筛选和层层审核后符合标准的传承者命名为武术代表传承人，最后得到国家文化部门认定的武术代表性传承人的名单由国家武术管理部门对外公示。

第二节 传统武术文化的传承方式

一、传统武术文化的传承途径

（一）民间传承

1. 民间传承的形式

传统武术文化的民间传承具体包括下列几种具体形式。

（1）家族传承

家族传承以家族为基础进行传承，血脉相通的家族是基本的传承单位。在武术家族传承过程中，传授者一般是家族中的长辈，承续者为有相同血脉的晚辈，如父（传）—子（受）、子（传）—孙（受）等。

（2）师徒传承

师徒传承是武术民间传承中最为典型的一种形式，也是古代传统武术文化传承最主要的方式。这种传承方式中的拜师环节是非常有仪式性的，师傅传授、徒弟承续，它虽然与家族血缘传承不同，但也是一种模拟血缘的传承方式，武术界流传的“一日为师，终身为父”恰好说明了师徒传承具有模拟血缘的特点。

（3）民间典籍传承

民间典籍传承是以武术相关典籍为载体来传承武术文化，这种传承方式直接关系着文化学术的发展。保存历史典籍，传播典籍内容，不仅有助于传承武术文化，还有助于积累与保存博大精深的中华民族传统文化，实现传统文化的再创，推动传统文化的广泛传播。

（4）地缘传承

以地理位置上的联系为基础而形成的各种关系就是地缘。一定地域内的人在性格、心理、行为等方面具有相似性，以此为基础而进行武术传承，能够使该区域内人们对武术文化的兴趣、态度受到很大的影响，在一定区域内形成良好的习武氛围。

（5）节日传承

节日传承作为民间传承的常见方式之一，其最大的特点是自发性，在特定环境中，依托传统仪式、礼仪等载体而传承武术文化，将武术融入民间传统节日文化中，使群众在武术运动中表达自己的思想、信仰，使武术成为民间节日活动中的重要部分之一。

2. 民间传承的问题

家族传承和师徒传承在民间传承中占有非常重要的地位。古代社会的特殊环境为这两种民间传承方式的形成与发展提供了良好的基础条件，奠定了稳固的根基。家族传承和师徒传承都是比较严格的传承方式，对保存与传播武术文化具有重要作用，但因为民间传承与传统等级制度、宗教礼仪等有千丝万缕的联系，因而在一定程度上限制了传承的格局，影响了传承的范围，显示出小众性的缺陷。到近现代时期，西方文化在我国流行开来，中西文化交融碰撞，社会上逐渐兴起新的武术传承方式，如班级授课形式的教育传承，这使得民间家族传承与师徒传承受到严重的冲击。随着学校教育传承地位的提升，其在传统武术传承中的地位逐渐与民间传承比肩。可见，武术传承方式是随着社会环境的变化而变化的。当代，起源于古代的民间传承方式处境尴尬，其小众性的缺陷暴露得越来越明显，与此同时还存在其他一些问题，表现在下列几个方面。

第一，民间传承受到新传承方式的排挤，民间传承的传承空间受到限制，一些民间传承方式渐渐消失在社会大众的视野中，如典籍传承、地缘传承等。

第二，在现代社会背景下，民间传承由于经济原因而无法保障传承者的基本物质生活，传承者在基本物质需求得不到满足的情况下不再从事传承事业，传承链因此而中断，一些拳种可能会因为后继无人而消失。

第三，民间传承缺乏正规的组织机构和统一的管理者，从而增加了传承的难度。

第四，民间一些武术传承者在物质利益的诱惑下将武术作为谋其个人利益的工具，甚至采用欺诈手段进行武术文化传播，严重污染了武术文化传承的环境，对武术发展造成了恶劣影响。

3. 民间传承途径的优化

对传统武术文化民间传承的现状与问题有所了解后，要针对民间传承的具体情况而解决问题，使民间传承充分发挥其优势与作用，推动传统武术文化的有序传承与可持续发展。

首先，引导大众树立正确的思想意识，政府重视对武术文化宣传活动的开展，使武术文化受到大众的广泛关注和重视，使大众对武术传承及民间传承的重要性有所了解。

其次，政府需要给予一定的经济扶持，使传承人的经济生活有基本保障，如此才能使传承者更好地进行武术文化传承。

最后，要保障民间传承的文化生态健康，避免民间传承特别是地缘传承、典籍传承、节日传承等传承方式的消失。

（二）文化场馆传承

1. 文化场馆传承及其现状

文化场馆传承是传统武术文化传承的重要方式之一，其特点主要表现为受众面广、传承形式直接、文化氛围浓烈等。

我国的文化场馆在武术文化传承中面临诸多实际问题，如武术场馆数量少，知名的场馆更少，比较熟悉的有中国武术博物馆、数字化武术博物馆、大连武术博物馆等，而且武术场馆大都分布于少数发达城市。此外，现有武术场馆成立年限比较短，运作机制有待完善。

2. 文化场馆传承途径的优化

基于文化场馆传承途径的现状，要优化这一传承途径，就要从以下几方面来努力。

第一，增加场馆数量，在政府建设公共设施的同时，鼓励民间建设武术文化类场馆。

第二，促进文化类场馆的多元化建设，建立多类型的文化类场馆。将传统武术文化与其他文化类、艺术类、人文类合并于一个场馆中，在满足不同群众文化需求的同时更大程度地传播传统武术文化。

第三，完善文化场馆的对外开放政策，提升文化场馆传承的效果。

第四，丰富文化场馆的教育功能，使场馆与家庭、社区以及其他机构合作，使文化场馆融入社会中，充分发挥其教育功能。

第五，将场馆传承与数字化传承结合起来，运用多媒体手段创建武术数字化博物馆，从而使传统武术文化的传播、展示与利用更加充分和便利，促进武术文化资源共享及其价值的充分发挥。

（三）学校教育传承

1. 学校教育传承及其现状

在近代时期出现了传统武术文化学校教育传承的新方式，这种传承方式在新时代进一步快速发展，逐渐成为传统武术文化传承的主要途径之一。学校教育特别是高等教育对传承传统武术文化具有重要的意义和价值。但现阶段我国学校教育传承传统武术文化的作用还没有充分发挥出来，主要存在以下问题。

第一，传统武术文化传承集中在高校，中小学在武术文化传播中起到的作用较小，虽然中小学开设了武术课程，但真正参与进来的师生比较少，导致武术文化传播范围狭窄。

第二，学校教育课程不够全面、连贯，各年级武术教学内容基本按照课程大纲实施，内容分段，衔接较弱。

第三，武术教师水平参差不齐，优秀教师较少，一些学校的武术教师甚至由其他项目的体育老师担任，授课教师对武术文化认知有限，直接影响学生的学习兴趣。

第四，学校教育中的班级授课制是一对多授课，在武术教学过程中容易遗漏一些重要内容，而且不易兼顾全体学生。

2. 学校教育传承途径的优化

针对学校教育传承存在的问题，需要采取如下措施来优化学校教育传承途径，充分发挥其在武术传承中的作用。

第一，明确学校在武术文化传承中的责任，为中小学与高校的武术传承明确方向。中小学阶段以完善武术课程为主，让学生了解武术。大学阶段可加设武术选修课，开展武术社团活动，聘请专业武术教师，开设武术文化课程选修或举办武术科研报告和讲座活动。

第二，根据不同的地域特点、不同的受众群体而开展具有针对性的学校武术传承活动。

（四）开发利用传承

1. 开发利用传承及其现状

开发利用传承主要是通过武术产业活动进行传承的一种方式，通过整合、开发、利用传统武术文化资源而达成传承目的，包括实物传承（武术用品、武术服饰等）、武术竞赛传承、武术旅游业传承等。传统武术产业化就是将武术从公益事业型扩展为经营型，实质是武术思想观念变革和制度创新，把武术和市场经济结合起来，通过商业手段运作刺激武术产品的需求，扩宽武术市场，使其成为我国经济的新增长点。[①] 利用这种传承方式时，需要将传统武术文化与经济建设、社会生活紧密联系起来，将传统武术文化融入人们的日常生活，展现武术强大的生命力。

目前，我国传统武术的开发利用传承处于兴起阶段，还不够完善，存在诸多问题，如开发利用不科学、缺乏品牌意识、产品转化度低、配置不合理等，这些问题使传统武术文化的社会传承陷入困境，迫切需要解决。

2. 开发利用传承途径的优化

要扭转传统武术文化开发利用传承的困境，就要对武术文化产业资源进行深入挖掘、整理及有效开发利用。具体来说，要从以下几方面来优化开发利用的传承路径。

第一，在进行开发利用传承规划时，树立坚定的"文化立场"，树立文化发展的理念，培养和构建具有中国气派、中国风格和中国特色的优秀民族体育文化品牌，用"文化"的立场去建设具有中国特色的武术传承

---

① 季晓丹．传统武术文化传承体系研究[D]．上海师范大学，2019.

体系。

第二，坚持市场导向，发挥市场的调控作用，坚持这一原则而开发武术赛事资源、武术旅游产业，满足人们的精神文化需求，使传统武术文化更好更快地融入大众生活。

第三，培养优秀的武术产业人才，解决武术开发利用传承中不科学、不合理的问题。

（五）数字化技术传承

1. 数字化技术传承及其现状

随着信息技术的发展和互联网的普及，数字化传承逐渐兴起，并成为信息时代传统武术文化传承的重要途径之一。利用数字化技术传承武术文化，其优势在于不占用物理空间，方便快捷，传播效率高。但由于数字化技术传承兴起的时间较短，因此还有很多现实问题有待解决，主要表现如下。

第一，对武术传承者的基本信息、武术传承内容信息缺乏系统化记录，主要以口传心授的手段进行传承，随着老年武术拳师的逝世，一些武术拳种的传承就无法延续下去。

第二，数据整理系统不够完善，存在严重的数据流失问题，专业数据管理人才也严重缺乏。

第三，历史悠久、源远流长的传统武术文化包含丰富的拳种，其中有些拳种并不是像太极拳一样广为人知，社会化认知度和普及率都比较低，这类拳种的传承往往不受重视，缺少有价值的信息，从而导致传统武术文化传承内容体系不健全。

第四，数字化传承的实现是建立在先进的数字技术资源这一基础之上的，但目前我国在武术传承中采用的数字技术标准化水平还不够高，其与武术文化的结合不够紧密、深刻，导致武术传承的层次较浅，影响了武术内涵的深层传播。

2. 数字化技术传承途径的优化

在传统武术文化传承的演进与发展中，以上问题有时是不可避免的，为了解决上述问题，必须加强对数字技术的改革与创新，促进数字化技术在武术传承中的科学应用，充分发挥数字技术资源的优势与作用，提高数字化传承的水平。

第一，深入理解传统武术文化数字化传承的概念与内涵，全面掌握数字化传承的理论知识，清楚不同传承主体在数字化传承中扮演的角色和具体的职责，提升传承主体的数字技术应用能力，培养传承者的信息素养和先进传承意识。

第二，对传统武术文化数字化传承的计划进行设计与完善，在计划中明确武术数字化传承的目标、内容、理念、方法及步骤，从而根据计划循序渐进地开展传承工作，提高传承效率。

第三，培养武术传承的专业技术人才，这类人才对武术、数字技术都要精通，他们是适应社会发展需求和传统武术现代化发展需求的新型人才，既要懂“文”，又要懂“武”。有关部门可根据需要成立武术传承者培训班、研习班，提升武术传承者的技术素养。

第四，优化传统武术文化的数字化传承体系，解决数字化技术资源分散的问题，提升各个传承平台的层次，扩大数字传承的影响力。政府应加大财力、人力等资源的投入力度，统一监管各个传承平台，严格打击不正规的传承活动。

第五，西方国家在文化传播与传承中采用数字化手段取得了较大的成果，我国可学习与借鉴西方发达国家先进的数字化传承经验，并在借鉴的基础上创造出具有中国特色的数字化传承模式。

二、传统武术文化的具体传承手段

在传统武术文化的具体传承过程中常常采用下列三种手段。

（一）观念影响

观念影响主要包含下列两个层面的含义。

1. 宏观层面

传统武德及武术界的风气对习武者观念上的影响。

2. 微观层面

师父向徒弟传输道德观念，方式有以身作则、启发、训诫等。

(二)口传心授

口传心授是传统武术传承中最常见的一种手段，口传和心授各有侧重。

1. 口传

口传以表象传承为主，侧重于外在的模仿与练习。

2. 心授

心授以内心感悟为主，侧重于内隐性的启发，即只可意会而不可言传。

(三)身体示范

这是面对面、手把手传授武术技能的一种传承手段，是武术文化延续的重要方式，通过外在的身体活动将武术的哲理韵味、传统文化内涵展现得淋漓尽致。

第三节　传统武术文化的传承环境

一、传统武术文化的传承空间

(一)传统武术文化传承空间的概念

传承空间也被称为“传承场”或“传承场域”，传统武术文化的传承空间指的是武术文化萌芽、栖息和发展的系统空间，是传统武术文化传承的重要基础和前提。学界关于传承空间结构要素的研究主要有两种观点，一种认为传承空间由自然环境和社会环境这两类要素构成，另一种认为传承空间由自然场、思维场及社会场这三类要素构成。不管是哪种文化的传承，其传承空间都是特定的，传统武术文化的传承也有其特定的传承空间，即“某个集中展示传统武术文化活动或武术文化要素的地点，或确定在某一周期举办传统武术文化相关活动的一段时间”①。从这个解释来看，传统武术文化的传承空间由时间类和空间类两种要素组成。

（二）传统武术文化传承空间的特点

传统武术文化传承空间具有下列几个鲜明的特征。

1. 地域性

所有事物的产生与发展都可归因于特定的地域文化环境，这是环境决定论的一个基本观念。传统武术包含多个拳种流派，各个流派的形成与发展都与其生存环境息息相关，如形意拳孕育于晋商文化中，太极拳发端于焦作地区的道文化中。这充分体现了传统武术文化生存与传承空间的地域性。

2. 场域性

一直以来，传统武术文化都是借助于特定的文化场域如固定的山川、村落和定期展演的庙会、节庆活动等而不断传承。传统的师徒传承方式较为私密，而且主要是一对一的个体传授形式，近代以来，随着武术教育传承方式的出现，公开的集体传授逐渐替代了私密的师徒传承。随着传承方式的转变，武术传承有了丰富的场域，如学校、武术俱乐部、社会武术培训机构等，在不同文化场域下开展武术传承活动，传承的内容与形式有一定的差异。

---

① 虞定海，牛爱军．中国武术传承研究 非物质文化遗产视角[M]．北京：人民体育出版社，2010.

3. 活态性

传统武术文化在几千年的传承历史中彰显出顽强的生命力和生动的“活性”,这就是武术文化传承空间的活态性。要想在武术传承中展现武术丰满、生动、立体的一面,就必须进行活态性的传承。如果忽视了传承的活态性,只依靠书籍、博物馆、影像资料等物质载体进行传承,那么虽然完整保存了武术内容,但达不到深度传承的效果。而只有进行活态传承,才可以在完整保护的基础上进行深层次的传承。可以说传统武术文化流传至今的根本原因就在于活态传承。

4. 整体性

经过几千年的发展,中国武术的文化属性已经定型,武术的文化性从三个层面体现出来,分别是物质层、制度层以及精神层,其中物质层分布在最外层,制度层位于中间层,精神层是核心层。三者相辅相成,共同构成了武术文化的整体性。武术文化本身就具有整体性,这就决定了武术文化的传承及传承的文化空间也具有整体性。

有学者指出,传统武术文化传承空间的整体性具体包含下列四个方面的内容。

(1)武术文化本身。

(2)武术文化的外在表现形式。

(3)武术文化的表达主体。

(4)武术文化的传承场域。

5. 传承性

非遗理论指出,武术文化空间的传承性与武术文化本身的传承性如出一辙,我们要用辩证思维对武术文化空间的传承性进行研究。需要说明的是,武术文化传承并不是不加选择地将所有的武术文化内容继承下来,而是在已有武术文化成果的基础上继承优秀文化,摒弃糟粕,改进不恰当的内容,适当增量或删减。武术文化传承既有可变性,也有不变性,前者主要从武术物质层体现出来,后者主要从武术精神层体现出来。

(三)传统武术文化传承的文化空间

1. 传统武术传承的文化空间

在传统武术文化传承与发展中,文化空间发挥着重要的作用,武术文化的生存与延续离不开文化空间的有效保护。文化空间是时间与空间的结合,在一定的文化空间中存在着较多的文化交流与较强的文化认同,这对传承武术文化,促进武术文化发展中的推陈出新具有重要意义。现阶段,传统武术的文化空间因受西方文化的冲击而面临巨大的挑战和现实困境,在这种情况下要对武术文化进行有序传承和大力保护,就必须从保护传统武术传承的文化空间着手,对武术的文化空间进行深入剖析,探索能够满足武术文化传承与发展需要的优良的文化空间。

我国是多民族国家,不同民族的文化、风俗、环境、生活方式等都有差异,在不同民族环境下孕育的武术文化也存在一定的区别。武术起源与兴起的文化背景是武术文化空间的一个重要组成部分,如果脱离特定的文化背景和社会环境而对武术文化进行所谓的纯粹性的研究,将会使武术文化成为没有灵魂的躯壳。武术传承的文化空间应该包含所有和传统武术相关的文化元素,我们应从整体视角来分析与保护武术文化空间,这样才能更全面地传承与保护武术文化。

2. 传统武术文化空间的保护

(1)推动传统武术文化的活态传承

在传统武术文化空间的保护中,最为核心的地方是促进传统武术文化的活态传承。所以,要保留传统武术文化的独特血脉,对其生存空间进行拓展,基于此而促进传承者规模的扩大,这对推动传统武术文化传承发展具有重要意义。在传统武术文化的传承中,要深入系统的文化空间中,充分发挥师徒传承和身传心授的作用,使传承对象对武术的掌握全面而系统。

在传统武术文化的活态传承中,不仅要对独特的武术技法进行传承,还要对武术的思想体系、民族精神、民族情感等进行传承,要以整体传承为主,这也是由武术文化空间的整体性所决定的。对传统武术文化的整体传承有助于促进对传统武术文化的完整保护,并能够使传承者的身份、权责更加明晰,使政府部门通过提供硬件环境保障而支持传承者的传承事业。

(2)实现传统武术文化空间的优化再生

人类在社会实践中创造了文化,文化的传承影响了一代又一代的人,要使文化持续不断地传承,就要找到适合文化传承的恰当的文化空间。从传统武术文化传承的历史来看,其经常受到外来文化的冲击,从而增加了传承的难度与复杂度,也损坏了武术文化空间。保护原生性的武术文化空间,并不是对前人的武术活动轨迹原原本本地进行复制,主要原因是在武术的历史传承中,因为种种因素的影响,其最原始的生存环境遭到了破坏,从而发生了一定的改变,所以在保护武术文化空间的过程中要不断优化,促进再生。

(3)发挥政府的作用

保护传统武术文化空间,离不开政府的大力支持。现在,国家对传统武术文化的传承与保护越来越重视,在国家级非遗保护名录中,一些优秀的民间拳种赫然在列,这是国家保护传统武术文化最有力的举措。从非遗视角来传承与保护传统武术文化,还有助于提升武术的社会影响力和一些拳种的社会认知度及大众参与度。

二、传统武术文化的主要传承环境

传统武术文化的传承环境包括自然环境和社会环境,二者相互影响、相互制约、统一成一个整体,具体体现在传承单位、传承基地和文化生态保护区三个方面。这三类环境对传承传统武术文化起到重要作用。

(一)传承单位

武术文化传承单位包括普通传承单位和代表性传承单位。而要成传承单位,需要满足以下四个条件。

(1)传承单位的宗旨必须以弘扬和保护传统武术为主,并且经常开展武术比赛、表演等活动。

(2)拥有在学术研究和技理传播方面取得一定成绩的若干传统武术传承人,这些传承人必须积极参加传承活动。

(3)拥有传统武术的原始资料和实物,经常进行科研探索,并取得一定的科研成果。

(4)在一定范围内得到具有专业领域的认可及公共认可。

(二)传承基地

建立传承基地也是保护传统武术传承环境的一种方式。学校是最简单、最易见效的传统武术传承基地。武术是学校体育课程的必须内容,在学校开设武术课程可以普及武术运动。

我国一些省市通过建立非遗保护试点而在非遗保护方面取得了巨大的成功,在武术文化传承中借鉴这一经验,如某校的武术系是传承单位,可以申报此学校为传承基地。

(三)文化生态保护区

传统武术文化生态保护区是一种对武术文化所有相关的人、物、环境进行整体保护的环境类型。保护范围包括相关活动场地、人群、社区、文化以及环境等。因为涉及范围广、内容多,所以增加了保护工作的难度,目前我国对文化生态保护区的建设尚处于探索阶段。

总之,在传统武术文化的传承中,首先要有符合条件的组织和团体形成传承单位,然后在完整保存武术形态、特色鲜明的民族聚居村或特定区域建立传承基地和文化生态保护区,鼓励相关单位利用传承基地等多种形式开展武术文化传承工作。

传统武术文化传承环境的示意如图 3-1 所示。

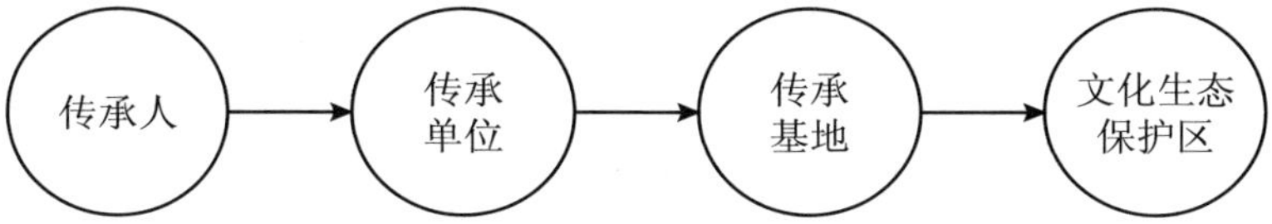

图 3-1 传统武术文化传承环境①

① 虞定海,牛爱军. 中国武术传承研究 非物质文化遗产视角[M]. 北京:人民体育出版社,2010.

第四节　传统武术文化的传承管理

一、传统武术文化传承的管理机制

（一）组织机制

国家武术运动管理中心作为武术行政管理系统，代表国家体育总局行使武术管理职能，负责指导、监督武术宏观管理工作；中心下设的社会部专门负责全国武术工作，负责管理全国武术拳种传承人保护的工作。根据传承人保护管理的需要，在这个部门下面设置有办公室、财政部、宣传部、监督部等四个部门，各个部门分工不同，各司其职，协同配合。①

政府体育管理部门又分为全国、省（自治区、直辖市）、市（地），区（县）四级，具有不同的管辖权。地方对传统武术传承人的保护由各省体育局武术管理中心来具体执行。

（二）投入机制

在传统武术文化传承的管理中，必然要投入一定的资金来开展管理工作，资金投入机制是传承管理的基本机制，是传承与保护传承武术文化的基本前提条件，因此，建立稳定可靠的资金投入机制很重要，该机制的建立主要由国家武术管理部门发起，同时要调动地方政府及文化行政部门配合的积极性，使不同类型及层次的组织机构相互补充。

建立传统武术文化传承的投入机制，要做好如下几个方面的工作。

第一，充分发挥国家武术管理部门的主导作用，建立四级经费投入配套机制，包括国家体育总局—省体育局—市体育局—县体育局，该机制必须是明确的、可量化的，通过建立该机制，使武术传承管理的经费来

① 胡继云．传统武术拳种传承人保护机制研究[D]．河南大学，2010.

源更稳定、可靠，解决武术传承、保护的经费问题。

第二，武术管理部门可以建立传承与保护传统武术的专项基金，使传承与保护过程中有更多的资金流入管理部门。

第三，在武术传承与保护中引进市场机制，如创办武林大会，举办武术职业联赛，由政府领导，出台制度规定，完善相关规则，促进武术俱乐部及武术联赛的顺利运作，增加武术经济效益，从而为进一步传承与保护传统武术而开辟更多的筹资渠道。

（三）激励机制

需要层次理论指出，动机是引起人类行为的源头，而动机的产生主要源于人们自身生存与发展的内在需要，其中包括能够将人们的工作积极性和主动性激发出来的“满足自尊需要”。传统武术文化传承者是特殊的社会群体，我们要站在民族文化繁荣发展的高度对其职业和贡献进行新的审视，为这类群体提供基本的社会保障，满足其基本的物质生活需求，并从精神上给予肯定，如官方认定、荣誉称号的授予和奖章的颁发等。此外，应由专门人员对武术传承者的生活情况进行动态记录，了解他们的生活难题，给予必要的帮助。国家举办的重大武术活动应该邀请代表性传承者参加，使他们亮相新闻媒体发布会，向全国人民介绍某个武术拳种。此外，对于有突出贡献的武术传承者，应该专门开展表彰大会，授予荣誉称号，肯定他们的价值，使他们感觉到被尊重，被认可，被关注，使传承者为自己的身份和职业感到骄傲和自豪。武术管理部门的这些举措可以对传统武术在社会上的传播与普及起到重要的导向作用，引起全社会关注武术运动，关注民间武术传承者，提升人民群众对武术的兴趣，推动武术运动的大众化发展，为武术文化的传承与保护奠定良好的群众基础。

二、传统武术文化传承的监督管理

（一）监督传承经费的使用情况

对武术传承经费的使用情况进行监督非常必要，可以防止出现经费使用不当、挪用经费等问题。传统武术文化的传承经费中，有一部分是给传承者的生活补贴与资助，传承者可以自行支配这部分经费，除此之外其他经费的使用必须严格遵守相关规定，合理分配与使用传承经费，使有限的经费发挥最大的效用，满足武术传承与保护的基本需求。培养武术传承者、开展武术传承的科研活动以及为传承与保护武术文化而开展相关活动，这些都需要投入一定的经费，这些经费可由相关民间武术组织和代表性传承者共同管理，由地方武术主管部门来监督，以保证经费的合理使用。

（二）监督传承者的传承情况

第一，监督部门要实施监督传承者的社会活动和传承工作，对武术拳种的传承状态进行定期检查，保证武术文化传承的稳定性与持续性。

第二，对传承任务、活动计划进行制订，明确传承者培养的阶段目标，促进传承者责任感和使命感的强化，使其积极开展传承活动，如组队参加本地重大社会活动，传播武术文化。

第四章　经济全球化背景下传统武术的产业化发展探索

在经济全球化的大背景下，中国传统武术在发展和传承的过程中，应该有意识地嵌入到更大的视野中，深入挖掘传统武术产业的发展潜力。要将传统武术长久蓬勃地发展起来，必须加强对武术产业化的发展，以全球化为背景依托，结合中国市场的特色，探索出一套适合中国武术可持续发展的路径。本章将就经济全球化及我国武术产业的发展现状、经济全球化背景下我国武术产业发展中存在的问题、经济全球化背景下我国武术产业发展的策略以及经济全球化背景下我国武术产业市场的运作与管理几个方面作为重点阐述的内容。

第一节　经济全球化及我国武术产业的发展现状

一、武术产业的整体发展态势

（一）多元融合与交叉发展

就目前而言，我国的武术产业中发展较为突出的主要有武术用品制造业、武术培训业和武术竞赛表演业。其发展模式要么处于发展初期的较为原始的阶段，要么处于产业价值链较为低端的生产制造环节，然而在经济全球化的背景下，这样的现状显然不能满足市场快速发展的需要，也不能满足人们日益增长的对武术文化的消费的需要。

随着国家对武术产业发展的重视，近年来我国的武术产业呈现出形式交叉、内容融合的趋势。比如，武术用品制造业朝着武术器械越来越精致便携、武术服装制作更加精良的趋势发展。而竞赛表演业中武术动作套路创编从单一并步起势到枪术穿插动作起势，并且各种动作套路和拳术套路趋向于风格多元，表演更加精湛。还有更多的武术表演类的项目层出不穷，如武术小品、武术情景剧等，除了武术动作、套路在表演上不断精进以外，围绕着其周边的舞台设计、灯光效果、音乐效果、舞美造型等，都有了进一步的提高。凸显出一种独具特色的表演意境的同时，令武术表演具有了更高的艺术内涵，增加了观赏性和娱乐性。另外，在内容方面还将其他类型的艺术形式引入武术表演中，比如将体操、舞蹈与武术套路进行整合编排，使武术表演的内容越来越丰富，让武术表演有情景、有节奏、有情绪，打破传统武术表演的单一性，从原来过多地追求表演的结果胜负，到更注重表演过程带给观众的多种体验，这是武术竞技表演业的质的提升。武术制造业与武术竞技表演业的逐步发展，以及相应的取得更好的经济回报和社会效益，都会带动武术培训业的快速发展。

（二）延伸产业发展迅速

武术产业的发展其实是随着社会的整体发展进程而不断汲取新的元素，或者不断地借助新兴事物的发展态势，进行延伸发展。在全球化的背景下，各国的经济、文化都高度联结，不同文化之间的碰撞与合作常常带给人们惊人的效果体验。比如将中国文化的元素与西方的电影艺术相结合经常产生出人意料的超级大片。比如动画电影《功夫熊猫》曾风靡全球。“功夫”与“熊猫”都是非常典型的中国元素，特别是功夫这一在国际上具有超强号召力的中国传统文化的代表，是很多影视艺术作品取之不尽的创作题材。近十几年来发展迅猛的电子游戏、手游，其中有大量的作品是选材于中国传统武术。比如《大话西游》《天龙八部》等都被称为国风经典之作。

总之，随着文创产业的异军突起，中国传统武术也借势发展，并且成功地将古老的中国武术与最潮的电玩媒介相结合，用最现代的高科技和制作手段将中国传统武术的文化与体验推到极致。比如，通过数字制作与动画效果的渲染，令武术对打场面异常的激烈精彩，画面更加逼真、动作更加夸张、体验更加刺激强烈，声电光的配合，令人身临其境。可以说，无论文学还是影视，以及现在发展如火如荼的电玩都对中国传统武术产业的发展起到强大的推动作用。从另一角度看，这也是科学技术的进步带来的重大影响，将武术延伸产业推陈出新。

（三）人才开发力度不足

武术的产业化发展离不开相关人才的培养，就目前的状况来看，我国武术人才较为欠缺，在相当程度上制约了武术产业的发展进程。在体育产业较为发达的国家，体育人才的培养主要包括体育经纪人、高水平运动员、体育产业的经管人才等，这些人才的开发为世界体育的发展不断输入新鲜的血液，注入了无限的活力，这给我国的武术产业发展指明道路。我国的传统武术是一项资源极其深厚的文化宝藏，具有无限的发展潜力，但是这些价值的实现需要建立在成熟的武术产业的基础之上，而武术产业的发展有赖于武术人才的培养。

我国在武术人才培养方面还十分薄弱，还没有能力支撑起产业发展的需要。而作为我国“国术”传统武术，无论在哪个方面都有实力与世界体育发展的新格局保持一致，并且发展成为在世界范围内具有广泛受众和影响力的体育项目。这就需要大量的武术经纪人、武术运动员以及武术经管人才等的广泛培养。在这方面，韩国在发展跆拳道方面摸索出一条成功的道路。通过去的几十年中，韩国政府对跆拳道投入了较大的社会资源，以举国之力将它发展为韩国的国术。在人才培养方面，韩国将跆拳道定为学校的必修科目，是军事训练的常规项目。在这样的普及力度下，韩国国内不断涌现出热爱跆拳道的相关人才，他们既是某个行业或者某个领域的专业人才，同时又熟悉并热爱跆拳道，于是对跆拳道的全面发展提供了可能。因此，在短短的几十年间，跆拳道已经占据世界搏击类项目之首的位置。

二、主要武术产业的发展现状

(一)健身娱乐业

随着社会经济水平的不断提高,人们对生活品质的要求也越来越高,这尤其体现在对文化娱乐的消费需求上。人们在物质生活得到满足之后,迫切地需要精神上、心理上的丰富体验。而武术功能系统中的以强身健体、修身养性、休闲娱乐、审美教育的生理和心理功能将成为一种必然的发展趋势,并且同时还有丰厚的传统文化底蕴。因此,传统武术具有非常强大的发展潜力,然而现有的武术相关的健身娱乐业还不能满足市场的需要。

另外,随着全民健身计划的豁然展开,广大人民投入在健身娱乐的时间、精力和金钱的比例都越来越高。人们的健身娱乐消费热情呈现逐步上涨的趋势,这将会有力地推动体育事业的持续、快速、健康的发展。然而,全国各地的健身娱乐场所中,以武术为基本元素的活动中心或者项目都相当有限。

一个行业要想市场化,需要足够的人群基础,还需要足够的知识普及。对于前者,无论是人们的消费需求还是社会健身环境,都具备了良好的基础,但是人们对武术的认识,还并没有达到随时可以开展的熟悉程度,也没有这样的客观条件。作为一项健身项目,武术和其他体育项目相比具有一些神秘感,尽管武术是我国的一项传统文化,但是国人对武术的熟悉和了解程度远不及对足球、篮球、羽毛球等这些西方的竞技体育项目。这就是武术健身娱乐产业落后的最直接的体现。对于很多现代人而言,如果想要健身那么首先想到的是这些竞技体育项目,还包括游泳、跑步、瑜伽、跆拳道等,它们具有相当稳定和成熟的市场规模,大大小小的健身房、瑜伽馆、跆拳道馆等随处可见,但是即便在健身娱乐消费排名靠前的一、二线城市,也难觅中国武术的场馆或者培训课程的踪影。

这其实需要对武术的健身价值做深入的挖掘和培养,让武术健身和娱乐真正走进人们的日常生活。特别是针对青少年群体而言,对武术健身价值的挖掘少之又少。我们学校里的体育课程基本上都是围绕着现代竞技体育而开展的，具有深厚文化内涵的传统武术却常年无人问津。与此形成鲜明对比的是，像跆拳道、瑜伽这些原本属于其他国家的传统运动项目却在我国占据重要的健身娱乐市场。

另外，学校武术开展得也不够理想。学校的学生是一个很大的消费群体，如果能够在学校很好地推广武术运动，将会很大程度上增加武术消费的人口。相关调查表明，我国目前的中小学武术运动开展得很不理想。虽然我国已经将武术列为学校体育课的授课内容，但是很大一部分中、小学没有按照教学大纲的要求正常开设武术课。造成这种情况的主要原因在于校领导对武术课的理解存在偏见，再加上师资力量不够，另外还有武术自身的原因——内容相对枯燥，基本功门槛比较高，不能很好地调动学生的学习兴趣。

总体而言，我国武术健身娱乐产业比较突出的现状体现在以下几个方面：

(1)以武术为重心开发的健身娱乐内容相当有限，且项目相对单一。

(2)以武术作为健身娱乐的项目大多局限于中老年群体，且项目十分单一。

(3)武术在中小学开展的情况不佳。

(4)人们对武术的认识距离健身娱乐还具有一定的距离。

(5)缺乏完备的发展体制。

因此，目前来看，武术的健身娱乐产业化程度较低，其健身与娱乐功能还远远没有得到开发和发展。如何让武术的参与者成为消费者是武术健身娱乐业亟须解决的重要问题。

(二)武术竞赛表演业

近些年来，国家大力推进体育竞赛表演业的发展，在对体育竞赛运行体制的改革、规范中，鼓励并引导各类体育竞赛的经营活动的健康发展，倡导社会各界力量承办国内外高水平的体育竞赛，从而一步步地推进我国的体育竞赛和表演朝着产业化、法制化的方向发展。这是我国对体育竞赛表演业的基本政策导向。

对于武术竞赛表演产业的发展而言，则需要积极地镶嵌到我国体育竞赛表演业的发展趋势之内，紧紧跟随国家对体育竞赛产业的体制改革的整体规划，借助时代的发展机遇，努力开创出武术竞赛表演产业的新局面;深入挖掘武术的竞赛表演内容和项目,鼓励社会力量积极投入到武术竞赛表演产业的发展中来,把市场做精做细,根据各地的实际情况开发与之相适宜的武术项目的竞赛表演市场。在整个武术产业发展中,竞赛表演业是带动武术产业的其他产业的核心力量,同时也是武术产业市场化发展的重要切入点。从武术竞赛表演市场可以延伸出武术培训市场、武术服装器械制造业、武术之乡旅游业、武术音像图书等诸多方面的发展。

如今,武术竞赛表演业已初具规模,陆续出现以武术表演竞赛市场运作为主营业务的公司,以及多种形式的武术商业演出活动在全国陆续开展,相应的市场规模也在逐渐扩大,并且随之产生了一定的社会影响力,吸引更多人投身武术竞赛表演事业中来,同时也带动了其他武术产业相关市场的经济效益。比如,各地纷纷成立了武术竞赛表演团队,在国内外进行巡回演出。目前,国内发展相对较为成熟的是散打产业,其中最有影响力的是“中国武术散打王争霸赛”,并且在2000年的时候,散打已经开始了职业化的发展道路。中国武术散打王争霸赛,是在借鉴国外相关搏击类项目的成功经验的基础之上发展起来的。在比赛中强调娱乐化概念,强调灯光、音响、舞美等戏剧和舞台表演的元素,丰富了武术竞赛的体验性和观赏性,既有武术的惊险刺激又有表演的娱乐欣赏。这种集搏击、竞赛、音乐、美术、灯光等众多艺术因素为一体的武术赛事给人以耳目一新的感受,其自身独特的鲜明个性使其在娱乐表演业中格外醒目,吸引了包括媒体、教育界以及资本等各方社会力量的关注。

在初步取得成功的同时,还有一系列的问题不容忽视。首先,融资渠道相对单一,整个运作过程中商业化的调控还非常微弱。其次,比赛形式千篇一律,创新乏力。最后,一个武术竞赛表演项目的出现可能只凭借其自身的爆发力即可,但是要想真正地长盛不衰还需要整个产业都成熟和完善起来,才能提供良好的发展环境。

(三)武术培训业

武术培训业是武术健身娱乐业与武术竞赛表演业的延伸行业,同时也是它们的基础部分,在某种程度上,武术培训业是整个武术产业的支柱。武术培训业不仅能够为武术产业提供消费者,同时也为武术产业输送人才。但是武术培训业并不能作为武术产业的发动机,它只有在武术相关产业已经取得了一定成绩的时候才能真正发力。

目前,我国武术培训业发展体现为分布不均衡,大多集中在具有一定武术传统的地区。受到少林寺的强大影响,河南省内的武术馆校达600多所,习武人数在15万以上,居全国之首。这些武术培训机构的发展,不仅为我国的武术产业发展提供了大量的人才,同时还带动了当地的经济发展。

但是毕竟处于发展的初步阶段,目前现有的武术培训行业还存在着很多不足。主要体现在以下几个方面。

(1)武术教练的学历和业务水平参差不齐,缺乏完善的资格认证体系,现有的武术教练大多学历较低,接受再教育的途径也非常有限。

(2)缺乏规范的市场管理,学校收费没有相应的制度规范。

(3)办学环境较为落后,教学质量没有明确的标准。

(4)广告宣传缺乏真实性,为了吸引生源会有虚假和夸张的宣传内容。

(5)管理人员素质较低,对学生的武德教育明显不够。

总之,现有的武术培训市场发展表现为分布不均、管理不规范的特点。培训学校的教学内容和学校管理都十分粗犷,其培训出的武术人才质量也有待提升,而且这些武术人才的培养也缺乏市场针对性和实用性,主要以提升身体素质和健体防身为主。可以说,现有的情况距一个有序、现代的武术培训市场还有相当的距离。

(四)武术旅游产业

目前,我国武术旅游业的发展基本上还处于对传统文化的弘扬、对古迹的怀念和瞻仰阶段,还缺乏现代化的发展和运作。比如,最常见的武术旅游是去武术圣地欣赏武术表演,或者观赏著名的武术寺庙、道馆等等。而实际上,传统武术与现代旅游的结合还有很多资源未被开发和利用。例如时常有一些城市、小镇因为一部电影或者一首歌曲而成为旅游胜地或者网红打卡城市,这其实就是成功借助现代媒体强大的影响力,将某种情结、某个文化LOGO进行放大的结果。而我国传统武术具有太多元素有待开发。现代旅游业、电影业、品牌营销、广告业等都发展得相当成熟,我们的传统武术需要积极地和这些成熟产业展开合作,充分地发挥出应有的才华与智慧，将我国的武术旅游业迅速发展起来，并建立属于武术旅游的品牌和产品。

（五）武术用品业

武术用品业的发展是建立在整个武术产业蓬勃发展的基础之上的。它属于武术产业的低端产业，但是却能反映出武术产业的发展态势。因为只有当武术培训、武术竞技表演、武术旅游等市场都具有相当的规模之后，武术服装、武术器械以及武术周边产品的市场才能够相对稳定。就目前来看，我国武术用品产业的发展主要寄托于武术艺术衍生品，比如文学或者电影的文创产品、纪念品等。另外还有武术图书、武术音像制品等，比如著名武侠作家金庸、古龙、梁羽生等创作的经典武侠小说，是书店里的畅销书。

此外，武术商品器材也呈现逐步的增长趋势。我国有大大小小上百家武术器械生产厂家，基本分布于浙江、河北两省。主要有竞赛刀、竞赛剑、白蜡杆、宝剑、散打护具等。另外还有南京的武术服装也已成规模，因为面料考究、设计新颖、做工精细而非常有市场。

但是，我国武术用品的发展现状还基本处于无序的状态，市场相对混乱，主要体现为不成规模、不够规范。随着我国武术产业发展进程的不断推进，武术器械与武术服装都应该逐步进入到更加规范的成熟阶段，在拥有相对稳定市场的同时，应该努力提升档次，进行精细分类的开发，带动整个产业的进一步发展。比如武术服装，包括武术段位制服，长拳、南拳、太极拳、散打的训练服、竞赛服以及裁判服等，都需要进行认真的研发与标准的制定。总之，目前我国武术用品产业还具有很多不足，具体体现在如下几个方面。

（1）整体而言，武术用品档次较低、制作粗糙。

（2）整体上呈零星式分布，难以形成规模优势。

（3）武术用品的制造始终停留在低端水平，无论是设计、材质、品类到加工工艺，整体上都需继续升级改进。

（4）市场开发力度薄弱，缺乏广告宣传和推广，缺乏市场营销，仅仅是在原有的市场份额上维持生存。

总之，武术用品的生产需要突破性地发展才能打开局面。需要积极开拓市场，挖掘市场潜力，同时提高自身生产水平和加工实力。我国现代加工业已经非常发达，某些领域的工艺水平可以说令人叹为观止，在这样的背景下，武术产品生产业如果不迎头赶上，后面的发展会更加艰难，难以达到社会平均发展水平的要求。

第二节　经济全球化背景下我国武术产业发展中存在的问题

一、武术产业发展中存在的客观问题

随着全球化的全面推进，在各国文化、经济的交流和碰撞中，我国武术产业的发展受到外部体育的冲击。由于西方的竞技体育产业发展较早，已经在国际上占有绝对的主导地位，即便在我国国内竞技体育也绝对居于优势地位，在这样的背景下，我国传统武术处境堪忧，需要尽快地寻求出路，发挥出传统武术的独特优势。当下重要的任务之一，就是深刻认识到我国传统武术产业发展中存在的现实问题，并找到解决方案，为下一步的快速发展做好准备。

（一）生存环境堪忧

1. 从市场布局角度看生存环境

当前，我国传统武术的产业发展面临最大的问题是生存环境堪忧。西方竞技体育已经发展得非常成熟，在中国的健身娱乐市占据着绝对优势地位。在发展空间上令传统武术处境尴尬。例如，在日常体育消费市场，多数人在想到运动健身或者休闲娱乐的时候，首先想到的是竞技体育类的项目，会想到去健身房、瑜伽馆办卡，或者自己组织跑步、游泳、打篮球这些运动。在高端体育消费市场，近年来高尔夫、网球、冲浪等运动在我国反响热烈，这些本来源于西方的运动尽管消费很高却受到越来越多人的追捧，其中一个重要的原因就是其产业发展完善，文化包装也十分成功。人们喜欢打高尔夫、打网球的原因之一，是从事这些运动本身就是身份和地位的象征，而这恰好满足了一大批中国新贵的内在需求。由此可见，在我国的体育健身娱乐市场，无论高端还是低端都已经被西方竞技体育占领，留给传统武术的空间变得十分有限。

2. 从文化角度看生存环境

文化作为一种隐性的、长期的、稳定的资源，是产业发展的重要动力。传统武术文化内涵丰富，有取之不竭的文化元素可开发利用。我国传统武术倡导自强不息、厚德载物的价值追求。中国传统文化讲求道法自然、天人合一，鼓励人们追寻和谐统一、内外兼修的中庸之道。而西方现代体育文化强调突破、进取和不断超越，追求更高、更快、更强的奥林匹克精神。它鼓励人们发展个性，追求个人的尊严、价值、创造力和实现自我的人本主义精神。两种文化彼此不同但又互为补充，都能为现代人提供宝贵的精神滋养。但是，在现有的市场格局下，传统武术产业处于弱势局面，这主要是因为缺乏对传统武术文化的弘扬和宣传所致。在很多人的观念里，对武术的认识还是“夏练三伏、冬练三九”的苦功夫。学习武术需要忍受非常人能忍受的肌肉与筋骨的重塑之痛。于是“练习武术要吃苦”的观念也会让本来对武术感兴趣的人迟疑乃至放弃。另外，现代中国人对武术的认识和了解主要是通过文学或者影视作品的普及，然而经过艺术加工后，身怀绝世武功的高人被塑造为道骨仙风、深居简出的半人半神的人物，而各种盖世武功、神仙剑法更是被渲染得令人目眩神迷，久而久之让我国的传统武术有逐渐脱离现实生活场景的趋势。然而，中国武术是发于防身、立于健身、习于日常、归于武德的一种具有深厚的民间基因的传统体育形式。

现代人的生活节奏快、工作压力大，人们更需要西方竞技体育这一类对抗性较强的运动形式来快速释放压力。因此，西方体育文化更符合现代都市发展的速度和方式，也更贴合人们的内心需求。

（二）发展意识落后

1. 缺乏与时俱进的发展意识

当今时代社会发展迅猛，尤其是在经济全球化的大背景下，无论是哪个行业哪个领域都要具有一定的大局观。既要立足自身不断寻求发展,同时又要具有全局视野,了解世界的发展趋势。而中国传统武术产业的发展并没有很好地做到与时俱进,及时地与最新的科技、时代趋势、生活理念等相结合,从而让自身得到持续的发展。由于传统武术千百年来都延续着师徒口口相传和家庭小范围内手手相交的传承模式,导致武术的发展也同时受到很大的限制。这种传统的传承方式使武术的发展始终相对封闭,具有一定的神秘色彩,流传于较小的范围内,影响效果甚微,缺乏广泛的群众基础,导致整体上武术的发展迟缓、乏力,市场竞争力不强。近些年,商业体育以市场为导向、以盈利为目标,武术竞技表演业相对而言走在武术产业的最前面。通过市场运作,一些传统的武术运动项目得到发展,取得一定的经济效益,也带动了相关产业的发展。例如一些武术赛事的举办和武术表演等,在一些地区开展得较为顺利,市场反响良好。尽管如此,在更大的视域下进行观察的话,我国传统武术产业的发展仍然是滞后的。就现有的情况看,我国武术产业的发展主要依托政府的扶持,仅凭其自身的能力很难独立开展。

2. 缺乏产业发展意识

传统武术只有进入产业化才能带来竞争优势和长足发展,这主要是因为产业内部分工明确,形成产品上下游的内部分工和企业之间相互配合的横向分工。明确的分工可以让产业发展更加有序,大家各司其职,每个组成部分能够更加专注于自己的市场和领域,要想获得增长必须不断提升自身的竞争力,从而令整体表现也不断进步。以韩国为例,被誉为韩国国术的跆拳道发展得相当完善,无论是跆拳道的技能培训还是竞赛表演,小到儿童组,大到青年组,有囊括各个年龄阶层的细分项目。由竞赛和培训业延伸出一系列的跆拳道服装与用具的生产销售市场,比如跆拳道品势服、竞技服、头盔、手脚套,以及比赛计分用的电子感应记分器等。相比之下,拥有丰富功夫体系与门派的中国传统武术却没有一个项目发展出较为完整的产业链。我国的武术产业在发展过程中表现为各自为政、野蛮竞争,甚至互相拆台的情况也时有发生。武术培训市场教练自身的水平良莠不齐,教学技巧和教学经验各自隐藏,落后的封闭意识仍然有所残留,缺乏行业之间的交流沟通、互相促进、公开竞争的意识与格局。整体而言,整个行业缺乏产业思维,因此武术产业整体发展迟缓。

(三)产业结构失衡

传统武术内部各个派别之间发展不平衡,开发程度差别较大。通常本身就影响力较大、较普遍的武术,其产业开发程度也较大,而一些名气较小的武术没有结合市场形成产业,发展愈发滞后。其中发展较好的如嵩山少林、武当太极,以及八段锦、五禽戏、散打等项目受到较高的关注,其产业市场效益也强于其他武术项目类别。

其次,受到西方竞技体育的影响,竞技武术发展较为突出,而传统武术发展相对滞后。整体而言,由于西方竞技体育已经发展出一个庞大的产业体系,在进入中国市场后便一路领先,尤其受到年轻群体的追崇,而传统武术似乎沦为老年养生项目,市场表现乏力,加剧了传统武术产业优势不明显的现状。由于产业的结构性失衡,不利于形成产业集群,武术产业单一化现象严重。

另外,受地域条件的影响,我国传统武术资源分布较为松散,主要以中原地区和沿海地区为中心,优势资源基本上集中于河南和广东两省,其他地区分布零星,不具备产业化发展的条件。因此,全国只有极个别的地区形成了相对完整的武术产业带。另外,受社会经济因素的影响较为明显,经济较落后的地区往往缺乏发展的眼光,容易固守于第一产业,比如尽管具备武术资源条件,但缺乏一定的魄力利用优势资源通过弯道超车、创业致富。

二、武术产业发展中存在的主观问题

(一)产业品牌缺失

我国武术产业多年来都处于小规模生存和无序发展的状态,行业缺乏具有影响力的龙头企业。尽管在国家政策的扶持下,我国传统武术产业的类型越来越丰富,比如武术表演、武术影视、武术培训、武术器械和服饰生产等多种产业,但是基本上都表现为实力较弱、竞争力不足以及处于较低的发展层级的特点。然而,在经济全球化的背景下,我国传统武术产业在发展过程中首先要具备品牌意识,尽快摆脱低层次的竞争格局,集中优势资源形成自身特色,尽快培养自己的品牌。积极与其他产业寻求合作，比如与武术动漫产业、武术赛事、武术旅游等高价值产业建立合作，才能实现快速的产业发展和产业升级，形成自身的发展态势。

（二）管理体系不完善

从当前的发展情况看来，我国的传统武术产业虽然已经初步形成，但是还缺乏完善的市场运行机制和管理体系。而任何一个产业若想获得持续稳定的发展，都离不开一套成熟高效的管理系统，以及相应的行业标准。让市场进行有效的资源配置、维护良性竞争环境、限制不利于整个产业发展的现象发生。比如在产业初期容易出现的非正当竞争、抄袭模仿等现象。和其他产业一样，武术产业急需一个健全稳定的内部管理体系，借鉴其他产业或者西方体育管理体系的成功经验，避争取少走弯路、快速进入良性的发展态势，摆脱原有的低效、无序的发展模式，使用科学的管理方法将我国传统武术产业潜在的优势与能量充分地发挥出来。

（三）片面强调对抗性

在我国传统武术产业发展过程中，产业的过度包装也是一个较为明显的问题。在传统武术与其他产业进行合作发展的时候，由于经验不足等原因，在对武术文化进行市场价值探索的过程中有时会出现过度包装，偏离武术内涵的现象。以武术游戏、武术综艺为例，体现为过分并单一地强调武术的对抗元素，而对武术文化中最重要的自强不息、厚德载物等价值却没有任何体现。长期来看，会对武术产业的健康发展带来隐患，因为脱离其文化内涵，单独强调外在的形式，很难带来长远的发展。

第三节　经济全球化背景下我国武术产业发展的策略

武术产业的发展和建设是一个非常庞大的系统工程，它不仅需要紧密地嵌套进我国社会发展的整体结构中，同时还要保持与世界体育产业的高度融合。尤其是在经济全球化的背景下，这对于我国武术产业的发展既构成艰巨的挑战，也创造了一定的条件。比如，中国传统武术产业在当前以西方体育为主导的环境中如何尽快寻求突破，并得到长足的发展，这是目前最为紧迫的问题。同时，经济全球化的背景为我国武术产业的发展营造了良好的发展环境，而西方竞技体育产业的高度成熟也为我国武术产业的发展提供了成功样本，我国在发展武术产业的过程中，可以借鉴一些有价值的成功经验，加速产业发展的进程。根据我国现有的情况，可采取以下增强产业意识的发展策略、以赛事为引领策略、弘扬文化内涵策略、优化产业结构策略以及整合优势资源策略。

一、增强产业意识

（一）政策扶持是根本

首先应该增强产业意识，只有具备了正确的产业发展观念，认证落实《武术产业发展规划 2019—2025 年》的相关要求和部署，才能真正有力地进行武术产业发展建设。作为一个综合性的产业，武术产融合了体育经济、体育服务、休闲娱乐等多种类型，因此对拉动我国的经济结构可起到重要作用。努力推进我国武术产业多元融合、全面协调的可持续发展，这是产业发展的现实选择。因为独立发展很难做大做强，只有通过提高产业意识，齐心协力将武术产业整体向前推进，通过交叉渗透、彼互相促进、彼此呼应的系统式发展，整体上将我国传统武术产业进行升级。以往，由于文化、经济和历史的原因，我国的武术发展始终那一摆脱小范围的师徒传承模式，很显然这是无法适应当今的社会发展趋势的，因此造成了一定的落后局面。近些年，国家非常重视对传统武术产业的发展。陆续出台了许多相关的扶持政策，鼓励各个产业之间发展合作，同时也规范了同业之间的良性竞争，竞争与合作的目的是做到企业间资源共享、风险共担，发挥系统发展的优势，从而整体上提高我国武术产业的竞争实力，最大程度地释放产业潜力，逐步发展出具有中国特点的武术产业模式。

（二）市场规范是关键

在进一步推进我国武术产业发展的过程中，要逐步摆脱初始阶段靠政府扶持的局面，应逐步向市场过渡。政府部门在制定出健全的产业机制之后，通过简政放权而退居幕后，只需要行使监督市场和营造良性市场秩序的责任，促进形成布局合理、功能完善、门类齐全的武术产业体系。作为产业发展主体的各个相关企业，如武术竞技表演业、健身娱乐行业、武术培训研修行业、武术用品制造业、武术旅游业、影视旅游业等等要积极打造本土的优质品牌，培养各方面的武术产业人才，例如武术经管人才、武术名师、武术明星以及武术俱乐部、武术服务、武术表演产品等。总之，要在市场规范的前提下，鼓励各个企业与武术相关人才充分发挥自身优势，加强合作交流，尽快完成我国武术产业的全面发展。

二、以赛事为引领

（一）赛事的龙头效应

总结国内外体育产业发展的成功经验可以看出，大力推动体育赛事是带动整体产业发展的重要力量。打造出精品赛事活动，通过其品牌影响力和号召力，以及对相关产业的带动力，可以快速地推动我国整体武术产业的发展。以明星赛事项目带动整体武术竞技产业，同时拉动周边相关的武术培训业、武术产品生产制造业、武术旅游业以及其他武术服务业的发展，由此可见，通过加强推动武术赛事的发展，是武术产业发展最基础、最根本、最关键的一环，因此要高度重视起体育赛事的龙头引领作用，以点带动线和面的全面发展。

（二）品牌的无穷价值

在打造龙头赛事活动的时候，特别要注意的是对赛事品牌的打造，加强赛事产品的质量管理，重视品牌的文化输出。通过研究以往的成功案例可以发现，无论哪个领域，品牌都是最大的无形资产，具有极高的商业价值和文化价值。一项精品武术赛事需要在多个维度上都具有绝对的影响力，只有这样才能真正实现品牌效益，可以吸引海内外高水平的武术运动员，展现出当前国际上最优异的武术竞技能力，增加武术相关的消费意愿，从而整体上推动武术产业的全面发展。一项成功的赛事品牌具有无穷的想象力，可以拉动整个产业的快速发展，同时对中国传统文化的传承、输出也具有一定的促进作用。通过打造赛事交流平台，促进区域的经济增长，带动经济结构的升级。

三、弘扬文化内涵

（一）深挖文化价值

在经济全球化的发展趋势下，若想获得更大的发展空间，必须加强对文化的经营和管理，武术产业也是一样的道理。在市场经济背景下，面对外部商业体育的冲击和内部动力不足的现状，需要从文化的角度为发展指明方向和鼓足士气。我国的传统武术具有丰富的文化内涵，它能够为整体的产业发展提供取之不竭的精神价值，所以应该充分地发挥其价值。因此，在发展武术产业经济的同时，一定要重视起对武术文化内涵的弘扬和传承。一方面，通过深度挖掘武术的文化内涵可以为武术产业的发展赋能，另一方面，随着武术产业的逐渐发展，对传统文化的传承也起到重要促进作用。

（二）深挖健康价值

除了文化价值以外，武术的健康价值同样重要，它是武术带给人的最直接的价值。挖掘武术的健康价值，特别是创编出丰富的可以满足各种年龄段的健身功法，简单易学的武术套路，可以增加大众接触和学习武术的入口，通过这些难度适中、种类丰富的各种健身武术的学习，进一步加强大众的健康理念，动员社会力量开展全民武术健身活动，推动武术文化和武术产业与和全民健康深度融合。健康价值是武术的根本价值之一，以健康为核心挖掘武术的文化资源可以起到事半功倍的效果。武术是重要的非物质文化遗产，只有充分推广武术运动项目，扩大武术的影响力，让越来越多的人通过武术健身和了解武术文化，才能更好地对传统武术进行传承与弘扬。

四、优化产业结构

武术产业的发展应该积极响应国家的经济发展总战略，把握社会发展动态和体育产业的发展趋势，将武术本身的特色与当前主流的消费模式和经营结构相结合，在发展中求变化，在变化中求强大。具备了产业发展意识、深挖武术的文化内涵并积极培养各地的赛事项目之后，还要优化产业结构。这就需要各地方体育及文化主管部门做好产业发展的布局与规划，并立足本地区的实际情况将武术产业发展落在实处，加快建设与大众实际需求和消费能力相适应的武术产业类型才能够持续地发展。同时，要规范每个产业的市场氛围，鼓励深度发展和良性竞争，构建和谐的产业发展环境。杜绝恶性竞争，缩短低水平的发展阶段，用产业发展取代单打独斗的无序竞争，从而提高整体的竞争力。

五、整合优势资源

目前，我国武术产业发展低质，若要尽快破解这一现状最重要的就是整合优势资源，并加大对优势资源的发展力度。只有绝对的投入才能带来绝对的增长，因此武术产业要实现尽快突破必须集中力量发展优势资源。这要求各个地区首先要对自身的优势与不足有客观的认识，并且能够结合本地区的发展情况、武术资源类型和总量以及武术产业环境等因素，做出清晰准确的判断，进而做出结构性的调整。以“突出自身优势并结合发展趋势”为基本策略，加强整合区域的武术优势产业，以优势带动全局，进而将区域内的各类产业进行整合并不断壮大产业规模。

第四节　经济全球化背景下我国武术产业市场的运作与管理

一、武术健身娱乐业的运作与管理

（一）武术健身娱乐业的市场营销

武术健身娱乐市场占据着武术产业中的重要地位，随着国家对武术产业发展的高度重视，各地的武术健身中心陆续出现并发展态势向好。特别是在具有悠久的武术文化历史的地区，各种形式的武术健身中心和武术俱乐部具有良好的市场反应。但是由于整体武术产业的发展较为滞后，因此，这些健身娱乐产业的运作模式与管理水平还很有很大的提高空间。为了持续地发展，以及不断地提高其市场竞争力，需要加强其营销策略和管理方式。下面主要就武术健身娱乐产业的市场营销策略展开分析。

1. 明确目标市场

明确目标市场是首要任务。经过几年的摸索和发展，我国的武术健身娱乐市场逐渐走向初步成熟，其中一个显著的现象就是从大而化之的武术健身市场开始出现大量的细分领域。这是在具有一定市场基础之上，将受众进行细分，根据他们的自身特性和不同需求重新进行市场定位，通过瞄准目标人群的消费动机进行精准营销。同时，不断地优化和提升现有的服务品质，提高客户的消费体验，从而实现服务升级。不仅做到提高营销的针对性，而且还提高了客户的黏性。

比如，针对年轻女性的实际需求所开发的女子防身术项目就获得市场的追崇。它是通过人群画像精准捕捉到现代年轻女性有很高的防身需要，因而研发出一套适合女性生理特征、简单易学的武术套路，可以帮助女性有效地应对突发情况，达到自卫防身的目的。这是一个由于其市场定位和营销策略使用得当而获得成功效果的典型案例。

2. 提升服务内容

随着社会生活水平的提高，人们的消费水平和消费要求也在不断地提升。在武术健身娱乐市场，人们从最初的对武术的简单热爱，逐渐发展出对武术有了更深入的认识，从而也有了更具体的要求。这是对武术健身娱乐业的一个新的挑战，需要及时地升级服务内容，以适应激烈的市场竞争。当前，人们对健康的要求远远不仅仅局限于活动筋骨、增强免疫力的水平，随着对健康认知的不断提升，人们关注的运动与生理、运动与心理、运动与饮食之间的关系。因此，武术健身娱乐业要紧跟时代发展的需要，不断深化服务内容，将传统武术与现代科学、现代医学、现代营养学相结合，针对不同的目标人群，开发不同的健身项目，做到精细化运营和管理。

(二)武术健身娱乐业的市场管理

1. 管理原则

每个行业都有自身的特点,武术健身娱乐市场区别于其他武术市场有着一定的特殊性。它表现为对从业者的要求更高,实操难度高,因此武术健身娱乐业的管理也有着显著的特点。经过深入的研究与总结,可得到以下几个管理原则。

(1)可行性原则

对于一项具有较强技术难度的传统体育项目而言,武术的管理原则首先就是要遵从可行性。即从实际出发,将武术健身娱乐的组织、内容等一切都以现实情况为出发点。从现有的产业能力、意识水平、经济状况、专业人员的素质与数量等实际情况出发,开展切实可行的计划和努力,脚踏实地、循序渐进地做好经营管理活动。

(2)激励性原则

武术健身娱乐是一项将传统的中国文化与西方现代理念相结合的产物,因此,它并非人们习以为常的一种生活方式,因此需要采用恰当的激励性原则。比如通过各种宣传、广告、社区试点活动等形式,让人们认识、了解和属性武术健身娱乐的独特价值,通过加强传播武术的文化价值、健康价值和娱乐价值,鼓励人们加入武术健身的行列,并营造武术健身的氛围,使广大群众自愿参加和组织武术健身娱乐活动。通过一定时间的宣传、教育、启发、展示等形式来激发人们的热情。这就要求在武术健身娱乐市场管理中贯彻激励性原则。

(3)区别性原则

在我国的当前社会发展状况下,不论是经济原因还是地域原因,武术产业的发展存在着明显的不平衡性,有些地区发展较早,已经取得一定的市场规模,而有些地区起步较晚,还处于初步摸索期,因此在整体上要运用区别性原则进行把控。因时、因地采取具体的组织措施,从而取得良好的发展和管理成效。

另外,武术健身娱乐是服务于广大群众的一种生活方式服务,它既提供一定的健康价值,又提供一定的娱乐价值。在具体的实践过程中,要很好地平衡这两者的关系,因为过度地强调健身务必会牺牲一定的娱乐性，而只追求娱乐恐怕很难达到健身的目的。而健身娱乐是群众自发自愿的一种选择，既要鼓励他们的活动热情，又要能够及时地修正他们的预期，只有这样才能让人们长久地坚持武术健身活动。因此，在管理过程中要运用区别性原则进行处理和把握。

（4）灵活多样性原则

我国传统武术的门派众多，套路与拳法繁多，为开展健身娱乐活动提供了丰富的素材。因此，在实践活动中要根据具体情况而进行灵活把握。要充分考虑到地域的差异、季节差异、文化的差异等，采取灵活多样的组织形式、竞赛方式和活动内容，这就是灵活多样性原则。此外，武术健身娱乐活动的灵活多样性还体现在其他很多方面，例如比赛程序可以简化，比赛规则更灵活，参加人员的条件与数量要求也可大大放宽。

2. 管理方法

（1）社会调查法

通过社会调查法是及时掌握武术健身娱乐市场的信息的有力手段，从而可以调整运营计划，制定发展方案，使武术健身娱乐产业能够健康地发展。社会调查法有多种形式，比如专题调查、全面调查、问卷调查、个别访问、民意测验以及社会统计等。可根据实际需要选择相适应的调查方法。其中调查内容更是涉及广泛，其中有很多非常具体的内容，是来自调查主体在实际管理中所遇到的问题，它包含但不限于活动人数、活动内容、活动时间、活动预算、活动目标、活动偏好以及活动评估等。

（2）宣传鼓励法

运用各种宣传教育形式，提高群众对武术的练习热情，增强活动动机，动员更多的人参加武术健身娱乐活动的方法就是宣传鼓励法。其中可采用的手段形式多样，包括报纸、广播、杂志、录像、电影、科普、表演、广告、比赛、板报、表彰、奖励、展览、自媒体、短视频、直播等都是常见的宣传形式。无论哪种形式，只要能触及目标人群、实现鼓励的目的就都是有效的方式。

（3）典型引导法

发挥武术健身娱乐市场中先进典型的榜样作用，从而推动武术健身娱乐产业发展的方法就是典型引导法。在具体的实践过程中需要注意以下几点。

第一，在选择典型时要有广泛的代表性，局限在少数基础上的单位和个人典型是不可取的。

第二，从实际出发确定可行性典型，并且要求该典型具有可借鉴的意义。

第三，可在不同年龄、不同性别、不同层次、不同职业、不同领域中选择多种多样的典型，将典型的多方面作用充分发挥。

第四，要保证典型材料的真实性和可靠性。

(4)评比竞赛法

运动竞赛能够在一定程度上刺激人们参加武术健身娱乐活动的积极性，可以直观地展示武术娱乐的魅力，对人们了解武术健身有着直接的引导作用。它的特点是周期短、见效快。但是组织武术娱乐赛事也有它的短板和风险，因此要注意以下几点。

第一，竞赛项目的内容和规模要符合当时、当地的条件，并且与大众的武术基础与消费水平相符。

第二，要采用机动灵活、简便易行的竞赛方式，强调娱乐性和参与性，更有利于活动的广泛开展。

第三，要将竞赛与平时锻炼相结合，做到以赛促练，提高竞赛的观赏性和日常锻炼的便利性。

二、武术竞赛表演业的运作与管理

(一)武术竞赛表演业的市场运作

1. 门票经营

门票收入是职业武术俱乐部的重要收入来源，门票经营也是武术竞赛表演业的风向标，直接反映着行业的发展状况。一个武术俱乐部的管理运营情况，通常可以从它的门票收入情况以及波动性来判断。紧张激烈的比赛是俱乐部产品的核心，也是消费者消费的重点。职业武术俱乐部对门票收入非常重视，通过一系列的市场运作、营销宣传等手段来提高门票经营，这就需要时刻把握观众的动向，了解他们的兴趣点，把他们持续地吸引到俱乐部的观赏席就是很多俱乐部的核心经营诉求。

2. 媒体转播权经营

在全球化的背景下，现在几乎所有的重大体育赛事都有媒体进行直播或者转播，而直播或转播费用也是武术竞赛表演业的重要收入来源。直播和转播平台包括电视转播、电台转播、互联网转播等。现在最主要的形式是电视直播或互联网直播。如果是具有一定的品牌影响力、受众广泛的赛事，那么会有多家媒体争夺直播权或者转播权，这都会提高武术表演市场的收入。随着职业俱乐部联盟垄断地位的强化和营销策略的创新，媒体转播和直播经营将在武术竞赛表演经营中占据更重要的地位。

3. 赞助与广告经营

赞助与广告经营就是广告特许权的经营，具体来说，就是俱乐部寻找广告赞助商的经营活动。它是职业武术俱乐部的重要收入来源之一。各个武术职业俱乐部凭借自己的知名度和影响力，使其广告特许权产品更加多元化和系列化，通过与赞助商建立长期合作的伙伴关系，吸引众多企业提供高额的赞助费用。企业则通过赞助武术竞赛来加强和提升其自身的影响力和品牌识别度，从而获得更高的商业回报。

(二)武术竞赛表演业的营销与管理

1. 市场定位策略

市场定位就是在消费者心目中为武术竞赛表演业占据一个理想的位置。简单来说，市场定位是建立差异化优势，并且有计划地树立武术经营组织所具有的某种与其他竞争者的产品有所区别的理想形象，以便消费者对职业武术俱乐部优于竞争者的特点有进一步的了解和认识。

在市场定位策略中，需要借助产品或品牌的竞争优势，并满足消费者需求，从而促进消费者做出消费决策，并努力使消费者重复购买自己的产品，这就是市场定位的主要作用。武术经营组织通过有效的市场定位，并不断增加自身的差异化优势，努力满足消费者的消费需求，从而获得自身的市场占有率和竞争力。

2. 市场开发策略

市场开发策略是指通过预测市场潜力和走向，有选择地进行市场开发的手段。主要包含以下两种。

（1）密集型开发

当市场具有进一步开发的潜力时，通过增加销售额、改进产品性能、开辟新的销售市场等形式开发市场。

（2）发散型开发

发散型开发也就是所谓的多样性发展，主要有三种形式。第一种是整体发散，即武术竞赛经营组织充分利用内部资源，将经营业务扩展到与其原来业务、市场、产品毫无联系的行业中，期望通过拓宽产业门类来获得全新的市场。第二种是水平发散，是指利用原有的市场优势，开发新的武术产品。第三种是以武术竞赛表演经营组织原有的特点为核心，开发相似的武术产品，目的是充分挖掘该产品的市场潜力。通常进行这一类市场开发的前提是该产品具有相当的市场份额。

3. 市场时机策略

武术竞赛表演的经营组织者抓住最有利的市场时机占领目标市场，以获取最大利润的策略就是市场时机策略。简单地说就是经营者的一种审时度势的能力，比如选择什么时机开发新产品，又在什么时机扩大市场，在什么时机退出市场等等，这些都有赖于其多年的市场经验和一定的决断力，因为每投入一个新的市场就意味着大笔的投资，它不仅包括经济的投入，还包含人才的投入，一旦判断失误很可能会影响到原有的市场占有率。因此，市场时机策略需要同时具有一定的定力和相当的魄力。

4. 市场竞争策略

市场竞争策略是指武术竞技表演组织依据自身所处的行业地位，适应竞争环境和竞争形势所采取的各种行动方式。

以武术竞技表演业的经营组织数量、各自提供的武术产品的差异程度为主要依据，可以将行业竞争形式分为四种，即完全垄断、寡头垄断、垄断竞争和完全竞争。

5. 市场产品组合策略

市场产品组合策略是指企业根据市场需要和企业的自身条件，选择适当的产品组合来确定经营规模、范围的策略。

常见的市场产品组合策略有以下几种。

(1)向某一市场提供全品类产品，强势攻占市场。

(2)力求覆盖某一细分市场，做到充分下沉，以至于在各级市场达到垄断某一产品的目的。

(3)只生产某一类型的不同产品项目来满足市场需求的有限产品线专业型产品组合策略。

(4)放弃大众市场，精准对标特殊消费群体的特殊需求，专门提供特殊产品的组合策略，将企业的某项独特优势发挥到极致，试图只满足某一小众领域市场，在该细分领域做到天花板水平以达到垄断该市场的目的。

三、武术用品业的运作与管理

武术用品业指的是以生产符合武术活动要求的消费品的企业的总称。根据其行业的独特性，而具有不同的运作和管理模式与策略。

(一)武术用品的开发

武术用品的开发主要是依托与武术消费者的某种需求而展开，因此，它跟武术竞赛表演、武术培训、武术旅游等产业的发展情况直接相关。在武术用品开发决策中，有无市场是关键，因此必须详细调查与分析市场需求情况，确保与社会经济生活发展的趋势保持一致。同时，企业要具备洞悉消费者心理的能力，并制定相应的促销策略和方法。

(二)武术用品业的营销与管理

武术用品的营销大体上分为两类，一类是长销产品，它是指那些具有较强的文化标识度的武术用品，有稳定的市场需求，它的周期较长，利润较稳定。另一类属于短销产品，它们是指受到短期的文化事件或者赛事的影响而突然兴起的某种热销产品，由于其文化意义较弱，可能只随某一影视剧的热播而走俏，尽管一时带来极高的热度，但持续时间不可预测。因此，对后一种产品要反应足够快，及时捕捉到商机，并力求在短期内快产快销，尽量保持较低的库存，以保证企业的现金流充沛。

第五章　体育全球化背景下传统武术的竞技化发展探索

体育是现代社会发展的重要产物，是特殊的社会现象，全球化对体育的发展产生了很大的影响，使体育与全球性的文化现象密切联系，从而形成了体育全球化的体育发展新趋势。体育全球化是世界体育文化交融的必然结果，是势不可挡的潮流与趋势。体育全球化一定程度上导致我国传统武术走向边缘化，制约了我国传统武术文化的传承与发展。为了顺应体育全球化的潮流，传统武术必须走竞技化之路，探索具有中国特色的传统武术竞技化发展模式，从而使传统武术在体育全球化中经受住冲击，拥有新的发展空间。本章主要在体育全球化背景下探讨传统武术的竞技化发展，首先分析体育全球化背景和传统武术竞技化发展现状，其次对传统武术与奥林匹克运动进行对比分析，再次阐释体育全球化背景下传统武术竞技化发展的动因，最后立足实际分析传统武术竞技化发展的策略。

第一节　体育全球化及传统武术的竞技化发展现状

一、全球化与体育全球化

（一）全球化的内涵

从20世纪80年代开始出现“全球化”。关于“全球化”的理解，罗宾·科恩和保罗·肯尼迪认为，"全球化最好被理解为或多或少同时发生的一系列相互强化的社会转型，其中没有哪一方比另一方更具有意义。这种方法考虑好像是把无数的细线编织成一个五彩缤纷的纺织品，一旦编织在一起，就不可能再安排每一根线去承担专门角色了，每一根细线只有作为整体中的一部分才具有价值和意义。"①马克思是现代西方公认的最早对全球化进行权威性研究的伟大学者，他的观点是，全球化是一个人类活动逐渐摆脱民族和地域的局限，形成全球范围内的全面依存关系的趋势和过程，即民族史向世界历史转变的过程。②

伴随着人类社会的发展，全球化的进程逐渐加快。社会生产的发展、科技的进步使国与国、人与人之间的交流越来越频繁，联系越来越紧密。在全球化的过程中，不仅实现了人员、物资等基础资源的交流和共享，同时也实现了信息、文化等特殊资源的交流和共享。不同区域的资源、文化等存在差异性是全球化的前提。不同地区的自然环境和资源以及在此基础上形成的民族文化是有差异的，而全球化则使各种自然资源在一定程度上实现全球共享，同时在文化观念上呈现出融合和趋同。

全球化是一种从"非全球"到"全球"的转变，这不是一蹴而就的过程，而是经历了长期的历史演进。全球化是一个动态的过程，我们必须从历史的角度加以把握才能正确认识"全球化"。

全球化突破地域之间的局限性，使人类由"群落"逐渐走向全球，使地球成为一个"村庄"，出现了"地球村"的概念。全球化的过程所需要的时间随着速度的加快而减少，甚至即时发生变化。哈维将这种现象称为"时空压缩"。随着现代交通工具的发展以及现代通信技术的进步，人类交流和沟通具有了即时性，各国社会信息实现了世界性的实时共享。在这一背景下，全球各地发生的社会事件都能够被人们看到，人们的关注点不再局限于当前的地域，地区与地区、民族和民族之间的交流和沟通成为常态。在时空被压缩的全球化过程中，世界逐渐变成一个整体，即全方位一体化。

当前，全球化的动力问题是重要研究课题之一，全球化的动力即推动全球化进程的力量。人们不断发展着的实践活动就是全球化的根本动力。实践是人类存在的本质，其本身就是一个系统，简单来看，这主要

---

① 林娅．全球化与社会发展理论研究[M]．北京：北京大学出版社，2006．

② 同上．

体现在下列两个方面。

一是生产方面。生产力是生产水平的重要标志，生产力也是一个系统，由诸多因素决定和推动，在当代社会生产力发展中，“科技是第一生产力”。

二是社会交往，在交往过程中实现了社会生产和生活的发展。社会生产力的发展程度一定程度上决定了社会交往的广度和深度。①

在全球化发展的今天，世界强国占据有利地位，而落后国家则处于弱势地位。世界强国生产力水平高，在经济贸易中处于有利地位，在文化方面，强势文化意识形态快速向外扩张，从而改变落后国家人们的思想意识，最终导致世界各国的文化向强势国家靠近。因此，全球化既是机遇也是挑战，利用得当将对国家经济、文化等方面的发展产生重大作用。

（二）体育全球化的内涵

1. 体育全球化体现出一种单一化的过程

在全球化背景下，各国之间在经济、信息、文化等方面的交流越来越频繁、紧密，体育作为一种特殊的社会文化现象，也呈现出全球化的发展趋势。体育整体上符合人体的发展需求，而且可以充分满足人类社会发展和进步的各项需求，并在价值观念上能够逐渐实现趋同化。

需要特别提出的是，在体育全球化这种单一化的主流进程中，体育也呈现出多样化和民族化趋势，这主要取决于各地区民族文化的多样性。体育与各民族的文化相融合，促使各民族产生独特的体育文化。因此，体育在单一化进程中也具有了多元化特点，呈现出多元化趋势。

2. 体育全球化是对各种文化形式的整合

体育全球化的过程也可以看作是各种体育文化形式的整合过程，也就是将不同的体育文化逐渐融入同一个文化体系中。体育全球化作为现代体育发展的一个普遍现象和基本规律，和“体育本土化、民族化”既

---

① 王夏．体育全球化视野下武术文化的理论思考[J]．搏击（武术科学），2011，8(03)：35-36.

对立，又统一，相辅相成。在体育文化的整合过程中，各国传统体育文化的民族性、独立性及民族特色更加突出，最后实现传统体育世界化和民族化的统一。①

二、体育全球化对传统武术发展的影响

作为文化全球化的一个重要组成部分，体育全球化是世界体育紧密交流与不断融合的必然趋势。体育全球化下我国传统武术的发展既面临着世界性的挑战，也面临着民族性的挑战。

（一）体育全球化背景下传统武术面临的世界性挑战

在现代国际体育环境中，西方体育居于主导地位，西方体育以强势的态度与方式向世界各国传播，谋求全球体育一体化，这对世界体育的民主、平等及和谐发展造成了严重的制约。虽然体育全球化的潮流促进了各国之间体育文化的交流与互动，对扩大发展中国家参与国际体育合作的范围与增加国际体育交往的深度起到了重要作用，但在体育全球化浪潮中，发展中国家与西方强国的体育文化交往少有公平可言，西方强国依靠自己的经济与科技优势而在国际性的体育交往中占据霸权地位，将西方体育文化理念与价值取向强行推向发展中国家，使我国传统武术的发展面临着严峻的国际形势与世界性挑战。

我国正处于社会转型的关键时期，在这一特殊的社会背景下，我国科技迅速发展，人民群众的价值观不断更新，对新生事物的认知程度也不断提升，这些方面的巨大变化对推动我国由农业社会向工业社会的转型具有重要意义。但工业文明的发展一定程度上对产生于农耕社会环境下的传统武术造成了冲击，传统武术在强大的冲击下自我更新速度慢，与社会发展主流格格不入，因此面临很大的生存危机。当前，我们面临着一个非常艰巨的任务，即抓住体育全球化和国内社会转型期的历史机遇来推动民族体育文化的跨越式发展，主动融入全球化潮流，敢于对抗不公平的西方体育规则，反对体育霸权主义，摆脱西方强国的体育文化对我国体育文化的强行干预，将中国民族传统体育、传统武术推向国

① 马军．体育全球化与文化认同[D]．华南师范大学，2007．

际大舞台。

(二)体育全球化背景下传统武术面临的民族性挑战

体育全球化促进了西方强国体育文化在世界各地的广泛传播和拓展，世界体育话语权基本掌握在西方强国手中，人们也慢慢习惯了在西方化的语境下以西方国家的标准为参照而对比本民族体育与西方体育的异同，最终“被迫”承认西方文化的先进性和本民族文化的落后性，不得不向西方文化看齐，依据西方文化的发展模式而改造本民族文化，实现向西方文化的趋同。我国在体育全球化语境下必须防止传统武术误入这样的歧途，必须对本民族文化坚决予以维护，保持民族文化自立自强，促进民族意识和民族自尊的强化。对于西方强国的文化霸权，我们必须坚决反对，同时也要突破狭隘的民族主义，在保持民族性的同时促进与维护公平、平等、民主的世界性，使人类体育文明成果在体育全球化视域下真正被全人类所共享，从而构建起世界体育文化的新体系。

需要注意的是，对于西方先进体育文化，我们不能盲目排斥，全面否定，对民族体育文化的继承与弘扬要理智，而不能极端，否则中国传统武术在狭隘民族主义观念的影响下无法顺利与世界体育文化交流，难以与其他国家的武术文化实现良性互动与深度交融，甚至会导致中国武术被其他国家排斥和孤立，导致中华民族传统体育的国际化传播受到严重影响。

总之，在体育全球化背景下，我们必须理智分析和积极面对传统武术面临的世界性危机和民族性危机，只有对体育全球化给传统武术发展造成的危机保持正确的认识与高度的警惕，在传统武术文化与世界体育文化的交流中保留武术的原生态和文化属性，并将先进的体育文化元素赋予传统武术，紧跟时代潮流，不断融合发展，如此才能推动传统武术在体育全球化中的健康与可持续发展。

三、传统武术竞技化发展的表现与摸索

传统武术是民族传统体育运动的典型代表，是具有民族性的体育运动项目，但从传统武术是体育运动这一点来看面，其本身就具有竞技性。传统武术技术的交流、传播与发展离不开竞技(或比赛)，传统武术文化的弘扬也离不开竞技，在传统武术竞技化发展中，要重点从技术着手来

提升竞技水平，加快竞技化进程，最终通过竞技手段推动传统武术进一步发展。

（一）传统武术竞技化的表现

1. 传统武术套路的竞技化

传统武术竞技化首先从传统武术套路动作中体现出来，为了使传统武术套路适应比赛需要，适当改造套路技术动作，使其向标准化、难度化、美观化方向发展。

（1）套路动作的标准化

传统武术有很多门派、拳种，不同门派与拳种的套路动作各有差异，甚至同一门派中的不同人演练同一套路都会呈现出不同的效果，因此武术套路动作的标准并不是统一的。例如，不同的人在八卦掌的演练中主要有尹式和程式两种类型，虽然都是八卦掌的风格，但二者在手型上有明显区别，各具特色，所以我们很难用统一的标准去评判动作的质量。但公平、公正的现代体育是有统一标准的，要求用统一标准去评价统一的动作。传统武术套路动作的不统一与现代体育的统一动作、统一评价标准明显是不符的，为了适应现代体育的特点，需要改造传统武术套路动作，使其趋于统一化和标准化。传统武术套路动作由一些基本动作和功法组成，如手法、步法、眼法、身法等，要统一传统武术套路动作，必须从这些基本动作着手来统一。在经过改造后，武术套路动作逐渐有了标准的要求与统一的演练方式，为比赛评判提供了便利。

（2）套路动作的难度化

传统武术套路演练主要是模拟实战技击，因此要强调将技击意识和演练功力体现在演练过程中，而且在技击对抗练习中要强调单个动作的拆招。武术实战技击中武者必须下盘稳定，因此传统武术套路中没有很多容易使人落地不稳、失去重心的转体和跳跃动作，这就减少了给对方制造进攻空当的可能。以表演为目的的现代武术的动作具有“高、新、难、美”的特点，强调要多跳、多转，并表现出优美的有观赏性的动作，这与传统武术的动作特点和要求完全不同。为了满足武术竞技化的需求，武术内容不断改革，空中转体一圈、两圈的难美动作出现在武术套路中。其实对于传统武术的技击性而言，这些难美动作没有多大意义，但却是现代武术中必不可少的动作，如果现代武术中没有转体、跳跃，那么其观赏性将大打折扣，武术套路也就失去了主体内容而变成空壳。

(3)套路动作的美观化

传统武术套路的技击性很强，而且是一种实用的技击性，套路中每个动作同时包含着进攻与防守的因素，可以拆招单独练习，可以在实战中作为技击方法单独采用。每个动作虽然很简单，但都是实用的，没有花拳绣腿，所以被人认为不美观，而美观却是竞技武术套路表演的特点之一，表演者的动作必须变化多端、潇潇洒洒才能吸引观众。为了适应现代人对武术的观赏和审美需求，传统武术套路中的简单动作经过改造而变得复杂了、美观了，但技击性也基本丧失了。

2. 传统武术对抗的竞技化

传统武术的竞技化还体现在对抗上，为了适应比赛需要，依据现代规则而对传统武术对抗技术进行改革，使传统武术对抗呈现出标准化、规范化、形式化的特征。下面具体从两个方面来分析传统武术对抗的竞技化。

(1)击打部位的规范化

传统武术对抗有两种形式，一种是个人私下"决斗"，一种是公开的擂台对抗。传统武术对抗没有明确的规则，即使是擂台上的对抗也是如此，对抗的两个人提前将生死状签好，在对抗中自己承担一切后果。武者为了胜利，主要攻击对方要害部位，造成了严重的后果。现代武术对抗明确规定了禁止击打的部位，如散打运动规定不可击打对方的咽喉、后脑和裆部等关键致命部位。

(2)技术的实用性

传统武术的主要对抗技术包括踢、摔、打、拿等，这些技术会损害人的健康，安全系数很低，甚至会致人残疾或丧命，为了安全起见，现代武术运动的技术以实用对抗技术为主，去掉了致命性的危险动作。

(二)传统武术竞赛在摸索中发展

1. 竞赛形式的摸索

国家体育总局武术协会为了对传统武术进行挖掘整理，促进传统武术发展，近些年来举办了形式多样的武术比赛，各地武术协会也积极举办武术比赛，促进了武术文化的传承和武术技术的发展。中国传统武术内容丰富，类型多样，体系庞杂，个性突出，关于传统武术的竞赛形式，我国还处于探索阶段，目前的竞赛形式主要是邀请赛、观摩赛和交流赛，比较知名的赛事有全国武术观摩交流大会、世界传统武术节、“国际少林武术节”（河南郑州）、“国际八卦掌联谊会”（北京）、“国际太极拳年会”（温县）、“国际形意拳交流比赛大会”（山西）等。这些形式丰富多样、内容多姿多彩的传统武术赛事将传统武术百花齐放的一面展现得淋漓尽致。

2. 竞赛项目的摸索

随着我国对传统武术竞赛形式的不断摸索，逐渐出现了一些比较新的竞赛项目，我国传统武术的竞赛形式和竞赛项目在国家体育总局武术管理中心的宏观管理下呈现出不断增加和日益丰富的态势。另外，我国也在积极探索对传统武术竞赛规则的制定，争取早日摆脱参照竞技武术规则来评判传统武术竞赛的局面。

武术搏斗是中国武术的重要组成部分之一，尽管目前我国还没有出现全国性的武术搏斗比赛，但民间性质的搏斗比赛已经出现。如武塞网发起了综合格斗交流活动（MMA），以对抗搏斗类的比赛项目为主，如拳术、剑术、双节棍、现代拳击等，武术界的一些武术大师与前辈参加格斗交流活动，指出传统武术独特的对抗方式应该传承下去，要在比赛中强调传统武术的对抗性和技击性，在对抗中促进传统武术的传承与发展。

3. 竞赛规则的摸索

举办任何运动项目的比赛都离不开明确的竞赛规则。各个运动项目的技术发展要以竞赛规则为导向，要符合竞赛规则，满足竞赛需求。运动员在比赛中的竞技能力也是以竞赛规则为杠杆而衡量的。现阶段，我国传统武术竞赛中使用的竞赛规则主要是竞技武术套路竞赛规则，但随着传统武术的不断发展，竞技武术套路竞赛规则与传统武术之间的差异越来越明显，竞技比赛规则不符合传统武术竞赛的特点，因此我们对传统武术自身的竞赛规则展开探索，相关机构和专家、学者对此展开大力研究。目前来看，“功力大赛”作为传统武术竞赛项目之一，其自身的竞赛规则较为完备，而传统武术套路竞赛规则和搏斗竞赛规则还没有自成体系，有待进一步探索。

总的来说，近些年我国举办的传统武术竞赛非常多，不管是全国性武术比赛，还是国际性武术比赛，不管是单拳种比赛，还是综合性赛事，都反映出了传统武术的竞技化发展趋势，表明传统武术达到了较高的竞技化程度。但现阶段我国传统武术竞赛的方法、模式、规则等都没有明确的定式，我国还在探索属于传统武术自身的竞赛形式、方法与规则，使之与竞技武术比赛相区别。总之，我国传统武术竞技化发展尚且处于探索时期。

四、传统武术竞技化发展面临的现实问题

在传统武术的竞技化发展过程中，中国传统武术文化受到西方体育文化的影响，促使竞技武术这种新的武术形式逐渐产生。中国武术目前是传统武术与竞技武术并存。我国在推动传统武术现代化转型的过程中也是以竞技化为突破口的，在体育全球化背景下对传统武术的竞技化进行新的审视与思考，发现传统武术竞技化发展面临如下几个现实问题。

（一）西化模式的束缚

在西方进化论思想和西方体育思想的启发下，我国传统武术逐渐开启了竞技化改革发展之路，并将传统武术西化作为一种潮流来追求。古希腊文化是西方竞技体育的文化渊源，它的核心在于对思维方式的分析，基于这一核心而形成了不同的西方竞技体育项目分类，形成了竞争格局。中国传统武术以中国传统文化为理论基础，以系统思维为主导，形成了“体用兼备”的特点。传统武术的竞技化从某种意义上来说也是传统武术的西化，它突破了传统思维方式，逐渐向西方思维方式靠拢。在系统思维影响下的传统武术具有“能击善武”的特点，而西方思维方式强调公平竞争，在此影响下，传统武术的“击”和“武”分离，这充分反映了中西思维方式的差异。在西方思维模式的影响下，传统武术逐渐形成了两大运动体系，分别是武术散打和武术套路，武术散打比赛有不同的级别，武术套路比赛有不同的项目，两个运动体系相对独立，平行前进，缺

少交流，更难以融合、统一。国际竞技体育以奥林匹克运动为主体，传统武术要融入世界体坛，不得不分离出套路和散打两大体系，这与西方体育的思维方式是相符的，即强调公平竞争。但需要注意的是，我国传统武术的竞技化发展并非只有西化这一条路可走，一味西化只会受到西方体育模式的束缚，而要推动传统武术的可持续发展，必须对具有中国特色的传统武术竞技化模式加以构建。

（二）健身领域的萎缩

竞技武术运动水平高，在国际上广为传播，国际化发展的成绩显著，这些都与竞技武术的竞赛体制较为健全和完备有直接的关系。竞技武术发展良好主要得益于竞赛体制完备这一事实对传统武术的发展具有启示意义，在竞技武术发展模式的影响下，传统武术竞赛套路逐渐规范，竞赛形式越来越多元，武术竞赛与市场经济关系紧密，这些都是传统武术现代化发展的一些主要表现。

但是，在社会体育健身领域，传统武术并没有真正融入人们的生活中，人们更倾向于选择西方体育运动作为健身内容和方式，主要原因是他们选择的西方式健身形式较为简单，学习难度小，而且有助于放松身心，反观传统武术，内容十分繁杂，对普通大众来说学习起来有些难度，而且比较枯燥。可见，在西方竞技体育的冲击下，传统武术及其他民族传统体育运动在国民健康生活方式中很难占据主导地位，我们在肯定传统武术竞技化发展成绩的同时必须重视这个现实问题。有关学者在研究中指出，必须加快传统武术的现代化转型，否则除了像太极拳这样的非遗项目和大众基础较好的项目，其他项目很难存活。也有学者指出，太极拳看似兴盛，在大众健身中占据一定地位，但背后也有危机与问题，也必须加快现代化转型，巩固与提升其在大众健身领域的地位。

（三）技术风格的变异

竞技武术在奥林匹克之光的照射和竞技比赛的导向下快速发展，其在很大程度上冲击了整个社会的武术活动。传统武术以世代承袭的方式流传下来，在新的社会环境下遇到交流障碍，缺乏社会认同，因此渐渐被遗忘，而盲目效仿西方竞技之风却很盛行。在传统武术套路表演中，为了使表演更具观赏性，一些选手在套路中添加大量难度动作，如一些长拳类动作，导致传统武术失去本身的风格，不伦不类，本身的文化特色和独特之处也黯然失色。更有甚者，除了起势与收势，其余套路动作基本上全是新编长拳类的竞技武术动作。此外，众多民间武术馆校在讲授传统武术的同时，逐渐增加竞技武术的内容，全盘竞技者也屡见不鲜。竞技武术的冲击导致传统武术的风格特色逐渐削弱。传统武术一味模仿竞技武术不利于自身的健康发展。对此我们必须反思和警醒，正确引导传统武术的竞技化之路，保留其固有的风格特点，防止传统武术走上竞技武术的发展之路。

第二节　传统武术与竞技体育的代表——奥林匹克运动的对比分析

一、传统武术与奥林匹克运动的对比

（一）文化特征的对比

中国传统文化以儒家思想为理论支撑，倡导以和为贵，中庸保守，注重事物的和谐统一。在传统思想的影响下，人们习惯于和谐宁静的生活方式，传统武术在这种氛围中应运而生。传统武术有强烈的民族性质、“内敛”的特性，追崇“与世无争”“和谐宁静”，注重自身的修身养性，而非竞争。在儒家文化的影响下，传统武术成为极具民族特色的中国传统体育项目。正是这种民族文化使得传统武术的文化特征区别于西方体育文化。

西方文化以“海洋文化”为主要特征。在“海洋文化”的影响下，西方民族崇尚“冒险”和“争斗”，西方人的竞争意识和危机意识十分强烈，喜欢张扬自身个性。西方竞技体育的文化特征集中反映在“竞争”上，西方人喜欢挑战大自然和自身极限，寻求感官上的刺激，从而产生了“更高”“更快”“更强”的奥林匹克口号。奥林匹克运动追崇的“竞争”与传统武术文化推崇的“内敛”明显不同。

（二）思想特质的对比

中华民族传统文化倡导修身养性，提升内在品质和人格，展现内在气质，传统武术文化作为民族传统文化的重要组成部分，主张通过外在的身体活动而对人的内在品格与气质进行培养，促进理想人格的形成，这是由表及里、逐渐深入的循序渐进的过程。传统武术可以强身，也可以强心。具有整体性特征的传统武术倡导人们在身体练习中以人的整体性为出发点，并以提升人内在与外在整体的和谐统一为旨归。中华民族传统文化倡导“天人合一”，强调人与自然密不可分，因此在传统武术习练中将外在身体活动和内在精神修养有机结合起来，达到“形神合一”的效果。传统武术养生功法中更能反映出这种传统武术文化的整体性，讲求人自身的内外和谐统一和人与自然的和谐统一。

奥林匹克运动作为西方竞技体育的典型代表，重视外在身体运动和身体表现，运动员向自然和自我极限发起挑战，对力量之美有着无上的崇拜。例如，篮球运动是强对抗运动，运动员身材高大、爆发力强、速度敏捷等都是得分的关键，充分反映了奥林匹克运动的对抗性。奥林匹克运动主张人们通过身体练习而增强肌肉、健壮骨骼。此外，奥林匹克运动对人的体能素质有着很高的要求，主张运动员在体育基础理论和运动训练理论的指导下进行全面的体能训练，包括力量训练、速度训练、耐力训练、柔韧训练及灵敏训练。通过有针对性地训练每一种身体素质，达到全面提升身体素质的目的，对每一种身体素质进行针对性训练的方式就是将身体素质分解成不同方面来训练，这种分解性的训练方法与我国传统武术的整体性存在根本上的不同。

（三）表现形式的对比

天人合一，人与自然和谐相处是中华民族传统文化的重要主张，在此影响下，中国传统武术追崇意境，强调武者在习武与表演过程中不仅要注重手、眼、身、法、步的协调配合，还要注重这些与内在“精、气、神”的和谐统一，要在动作中表达情感，营造写意氛围。每套武术动作都具有特定的内容，蕴含特定的情感，需要通过外在身体动作而表现内容、表达情感，通过外在动作演练而将深层的“意境”赋予武术套路，武者在这种意境中表达自己的情感，使自己的武术技术和情感深深交融，达到情景交融的效果。总的来说，传统武术形成了“写意性”的表现形式。

以“务实性”为主的奥林匹克运动与以“写意性”为主的中国武术截然不同，二者在表现形式上有巨大的差异。西方国家的运动人体科学、统计学等理论较为先进，在科学理论的基础上，奥林匹克运动强调精确数据，运动训练具有量化特色，在训练过程中明确训练目标，运动员的训练效果通过精确的数据反映出来。奥林匹克运动所倡导的体育精神是顽强勇敢、奋力拼搏和超越自我，奥林匹克运动项目无不体现着体育运动员与自然、与对手以及与自己的抗衡，这就是奥林匹克运动在表现形式上所呈现出来的“务实性”特征。

（四）组织形式的对比

系统的组织部门和行之有效的保障体系是所有事物可持续发展的基本前提条件，传统武术的发展也同样需要具备这个前提和基础。我国规模较大的全国性武术组织主要是中国武术协会，一些省市和地区也成立了自己的武术协会，即地方武术协会，此外还有一些民间武术俱乐部，由民间拳师负责运营管理。社会上有些武术馆或武术俱乐部虽然以弘扬武术为名义而建立，但真实目的却是获取经济效益，一些武术馆大量招收会员，只将简单基础的武术技术动作传授给会员，这些内容远远不能满足会员想要对中华武术文化有更深入了解的需求。目前，体校和武术学校是我国选拔与培养竞技武术后备人才的主要来源，国家职能部门依然是传统武术发展的重要依靠，中国武术的组织形式以专业运动队为主。

奥林匹克运动的组织形式与中国武术的组织形式存在很大的差异，前者的组织形式以职业俱乐部为主，不同于专业运动队的组织形式。职业俱乐部在市场运营中向社会呈现精彩的表演活动，传播体育文化，举办高质量的体育比赛，提高竞技项目的运动水平，同时实现盈利的目的，最大程度地获取经济利益。总之，中国武术专业运动队依靠政府管理而实现取得优异成绩的根本目的，而西方国家的职业体育俱乐部依靠市场营销而实现盈利的根本目的，这是二者在组织形式上的主要差异。

（五）推广模式的对比

传统武术博大精深，拥有悠久的发展历史，蕴含深刻的文化内涵，要弘扬优秀的传统武术文化，使世界各国认可并喜欢中国武术，就要做好对传统武术的推广工作。传统武术在古代以自然传播为主，现在主要利用各种传媒资源进行广泛传播，而且还出现了国际化传播态势，主动向国外推广传统武术，促进传统武术的国际化发展。我国在中国武术的国际化推广中以竞技形式的武术内容为主，将中国武术高难度的一面呈现出来，突出其观赏性，但由于竞技化的武术以动作标准、统一为主要追求，而技击性作为武术最根本的特点则不断被弱化，这难免会让人产生“中国武术与西方体操运动其实大同小异”的错误想法，而且一味强调武术动作的高难度也容易使武术传播的受众在审美上产生疲劳。近年来，国内外出现了养生热潮，这对推广具有重要养生价值的传统武术来说是非常好的机遇，我国抓住这个机遇将传统武术推向世界，通过举办国际性武术比赛，派代表团去国外进行武术表演，让优秀武术大师出国讲学等方式在国外大力弘扬与推广传统武术，取得了可观的成果，传统武术国际化推广中取得最大成功的项目当属太极拳。传统武术不仅在世界上的推广初步见效，而且在国内的推广也取得了良好的成果，如武术进入中小学体育课堂，太极拳在大众健身领域中占据一定地位，等等。但我国学校体育教学内容、大众健身内容依然以简便易操作的西方外来体育项目为主。

相比中国武术在西方国家的传播和发展情况来看，其远不如西方体育在中国的发展程度。我国学校体育教学中很多项目都来自西方国家，其中不乏奥林匹克项目，学生对此十分感兴趣，从而影响了传统体育在学校的地位。奥林匹克项目在我国学校体育教学中占主导地位，这与西方体育的推广模式有很大的关系，下面具体从四个方面来分析西方体育的推广模式。

第一，西方体育确立的第一传播阵地是学校，将奥林匹克运动传播到学校，在学校体育教学内容体系中纳入奥林匹克项目，使其以必修课的形式在学校得到推广与发展。

第二，奥林匹克运动的口号是“更高”“更快”“更强”，这与现代社会的发展特征与趋势更相符，奥林匹克运动竞争性强，观赏价值高，鼓励运动员超越自我，超越极限，战胜对手，这种精神鼓舞人心。

第三，奥林匹克运动项目的竞赛规则是规范统一的，而且随着项目的发展而不断更新与完善，统一的竞赛规则使奥林匹克运动的观赏性大为提升，这对观众产生了很强的吸引力，从而为国内外传播和推广奠定了良好的群众基础。

第四，任何运动项目的推广都离不开优秀传播者的参与和推动，因此西方国家在传播奥林匹克运动项目的过程中充分利用明星效应来传播，传播效率和效果都十分惊人。一些体育明星为奥林匹克运动的国际传播与推广做出了重要贡献。

总体来看，奥林匹克运动的推广模式为将学校推广、大众化推广、竞技化推广有机结合起来，十分重视学校推广和大众化推广，但我国对竞技化推广更为重视，在学校和大众中的推广力度较弱。而体育运动要实现可持续发展，必须打好学校根基和大众基础，建立广泛而扎实的基础，竞技体育的参与者毕竟是少数，如果忽视群众基础而过分强调竞技化推广，则很难保证传统武术的持续健康发展。

二、传统武术与奥林匹克的关系

（一）传统武术的发展需要奥林匹克的平台支持

在全球化背景下，传统武术必须加强改革与创新，进行适度的现代化转型，从而得到更好的发展。世界性武术国际性组织——国际武术联合会的成立，旨在推动武术运动的发展，促进中西体育文化的交流与互动。国际奥委会承认国际武术联合会在国际单项体育联合会中作为正式会员的合法地位后，武术运动逐渐进入国际性综合体育比赛盛会中，如世运会、亚运会等。武术还是北京奥运会的“特设项目”，在奥运会上的亮相吸引了世界人民的瞩目。随着传统武术文化在国际上的不断传播，传统武术进入国际体育赛场的硬件要求基本已经具备了，现在要重点为推动传统武术的全球化传播与推广而提供良好的平台，而奥运会作为全球人民最关注的体育盛会是最理想的平台选择。

（二）传统武术与奥林匹克的契合

传统武术作为一个体育项目，本身就包含竞技因素，竞技武术的产生主要也是因为武术含有竞技成分。中国竞技武术具有传统体育和竞技体育的双重特性，既有传统体育文化的内涵，也与“更快，更高，更强”的奥林匹克竞技特点相符。西方竞技体育的主要表现形式是奥林匹克运动,中国武术中的竞技武术形式成为中国武术与奥林匹克运动交融的主要契合点。为了推动中国武术的国际化发展及其与奥林匹克运动的交融,有必要调整与改进传统武术文化中一些不合时宜的分支,但是调整不等于西化,只是为了进一步提升中国武术的国际竞争力。我们坚决杜绝为了迎合奥林匹克运动而将中国武术的民族特色弱化,要防止武术成为奥林匹克的附属品。

(三)奥林匹克文化需要传统武术文化的丰富

任何一种文化,其自我更新的能力和吸收其他文化的能力共同决定了这种文化对人类文化贡献的大小。在体育全球化进程中,奥林匹克运动的发展越来越多元化。奥运会作为奥林匹克文化的重要组成部分和主要表现形式,将世界各国的文化聚集在特定的时空范围内,成为世界各国、各民族进行文化交流与互动的重要机遇和平台。近代时期,奥运会规模不断扩大,当时很多国家都不具备举办超大规模的奥运会的能力,因此对奥运会项目进行了"瘦身"处理,国际奥运会也渐渐重视对奥运会项目的严格审查,按照优胜劣汰的原则来层层筛选,争取将各国优秀的体育文化吸纳到奥运会中,并为奥运会不断注入新鲜的血液,保持奥林匹克文化的先进性、多元性和导向性。这为中国传统武术进入奥运会提供良好的可能性机会,但前提是我国传统武术本身就有吸引力,有实力,既能保持民族特色,又能主动吸纳外来文化,与外来文化展开积极互动。努力使有内容、有内涵、有特色的传统武术进入奥林匹克大家庭,对丰富奥林匹克文化具有重要意义。

第三节　体育全球化背景下传统武术竞技化发展的动因

一、西方体育文化传入中国

在体育全球化进程中,西方体育文化传入我国后对我国传统武术的发展造成了严重的冲击。西方体育具有鲜明的科学性和规范性，普及起来较为容易，因此传入我国后渐渐占领了我国体育市场，对包括传统武术在内的民族传统体育的发展构成了威胁。我国传统武术要想抵抗冲击，顽强生存，继续发展，就需要用最先进的成果来进行适度的竞技化改革与创新。但是，改造必然会破坏传统武术的初始形态，这就使传统武术陷入两难的选择。如果认可传统武术是体育运动项目之一，就要以体育的要求为标准来改造传统武术，排除传统武术中那些不符合或不适应体育要求的内容，如若不承认传统武术是体育运动，将武术与现代体育隔离开，那么传统武术难以在体育全球化中发展下去。

传统武术要突破两难的困境，必须按照新型体育的方向发展，即发展成为一项新兴体育项目，而竞技化为传统武术的新发展提供了可能。人们在习武过程中会做大量的身体练习，身体练习是体育的范畴，因此最终还是要从体育的角度来思考武术的发展。要想使传统武术运动成为适合比赛的运动项目，就需要适当限定击打部位，或制定规则，挑选其中适合比赛的内容。对于不适合比赛但健身价值突出的内容，可按健身体育的要求来发展。这样传统武术内容的表现形式就主要分为竞技性武术和健身性武术两种，这两种形式应共同发展。

二、受现代竞技体育思潮的影响

传统武术的发展受到了现代竞技体育思潮的深刻影响，这推动了我国传统武术的竞技化的发展。现代竞技体育具有鲜明而独有的特征，具体表现在两方面。

第一，竞技主体非常明确。只要是竞技项目，其比赛目标必然与其他项目有区别，如果竞技主体模糊，就不符合竞技体育的要求。

第二，竞赛规则科学周密。为了使比赛更加公平、公正，竞技体育设置了严格的竞赛规则，竞赛规则中客观地规定了比赛的内容、性质、要求和判罚尺度等要素。

为了适应竞技体育的竞技主体明确和竞赛公平公正的要求，武术打练分离，套路分解，有关部门制定了大量规则，不断改进与规范，这也是传统武术竞技化发展的基本要求。此外，传统武术竞技化发展中借鉴了现代竞技体操项目的评分办法，以确保武术套路竞技规则评判的客观性。总之，在现代竞技体育思潮的影响下，我国传统武术的竞技化发展越来越规范。

三、武术国际化为传统武术竞技化发展提供了模板

武术国际化指的是武术突破空间限制，超越国界而开展各种外交活动、世界性活动，与不同国家、民族的文化相互交往、互动及交融，实现全球范围内的广泛传播与推广。我国向世界各地传播与推广武术，主要是为了促进民族自尊心、自信心的提升，促进民族凝聚力的增强，从而使中国武术运动昂首挺胸、自信十足地进入奥运会。为促进武术的国际化推广，国家体委提出“武术源于中国，属于世界”，希望借助奥运会平台传播中国武术，这样能够获得事半功倍的效果。但奥运会项目都是与现代体育特点相符的竞技体育项目，是能够量化比赛成绩的项目，能够用时间、远度、高度、长度等分数评判比赛结果的项目。而传统武术不具有现代体育运动的这些特点，这是阻碍其进入奥运会的主要因素。传统武术与现代体育运动特点和奥运会的需求不相符，具体体现在下列几个方面。

第一，缺乏统一标准。从中华民族传统文化中孕育而生的中国武术非常讲求伦理，“文以观心、武以评德”这句拳谚强调了武德的重要性，要求将“习武”和“养德”结合起来，如果只学到了功夫，没有好的道德修养，那么无法被社会认可。真正合格的武术大师既要有高超的武艺，又要有良好的道德品质。道德主要反映在人的言行举止、处事接物中，短时间内要对武者的道德水平进行判断是很难的。此外，传统武术讲求内在精、气、神的统一，而这是无法用统一标准去衡量和判断的。拳谚曰：眼无神，拳无魂。强调习武时眼神要到位，但没有确切的标准去评价这一点，而且每个人的认识是不一样的，标准是很难统一的，没有统一标准就进行评价，那么评价结果很难令人信服。

第二，缺乏统一动作内容。传统武术包含很多拳种，不同拳种的动作内容和风格是有差别的，所以衡量标准无法统一。如果强行将各个拳种的内容做同一规定，那么就没有拳种之分了，太极拳就不是太极拳了，八卦掌也不是八卦掌了，而如果举办武术比赛，参赛者表演不同的拳术，则很难去对比二者的优劣。

第三，缺乏统一规则，缺少公平性。传统武术的对抗体现在比武中，

也就是擂台上的较量，擂台比武的评判规则很简单，只要没人认输，双方就可以一直打下去，直至一方被打伤到无法继续较量，这主要比的是武技，还有一种武艺的较量，即君子之斗，双方以武德为归依，以切磋交流为主要目的，不会拼个你死我活。武德约束了习武者的言行，但不是每个人都能遵守武德。以武德为前提的武术比赛没有统一的评判规则，因此也就失去了公平性。

总之，传统武术的动作、规则、标准都缺乏统一性，不符合现代体育的运动特点，而要使传统武术达到进入奥运会的标准，就必须进行改革，尤其是进行竞技化改革，使武术能够像奥运会项目那样有统一的标准去准确量化和客观评价，提高武术比赛的公平性。

四、武术竞赛商业化为传统武术竞技化发展提供了动力

商业化是传统武术竞赛的一个重要发展趋势，在传统武术竞赛的商业化发展中，武术竞赛被当作以盈利为目的的商品来营销。传统武术竞赛的商业化之路是市场经济条件下和体育全球化背景下的必然选择。通过举办武术比赛，获得企业赞助，出售门票，可以获得一定的经济利润。在经济利益的驱动下，为了进一步提升武术的竞技性、观赏性，就要不断改进与更新武术竞赛内容、竞赛规则，提升武术赛事对观众的吸引力和在市场上的竞争力。可见，商业利益为传统武术竞技化发展提供了动力。

第四节　体育全球化背景下传统武术竞技化发展的策略

一、完善武术理论体系

在传统武术发展中，学术理论居于基础地位，传统武术理论指导人们理解传统武术相关知识，帮助人们解决武术实践中的问题。构建并完

善传统武术理论是传统武术竞技化发展的首要问题。由于我国传统武术理论与古代哲学思想、天人感应观有密切联系，因此我国传统武术理论体系的内容大多是历史、民族以及文化方面的，有些内容较为陈旧，整体结构不够完整，因而无法更好地适应时代的发展，也不能满足传统武术竞技化发展的需要，甚至制约了传统武术的发展。在体育全球化背景下推动传统武术竞技化发展，首先要构建适应新背景和武术发展新趋势的武术理论体系，逐渐改革与完善原有武术理论体系，并创造性地提出一些新概念、新理论，为传统武术的竞技化发展指明方向。

二、批判地继承传统武术文化

我们要辩证地对待传统武术文化，不可全盘照端，也不可盲目否定，对积极的内容要发扬光大，对消极的内容要坚决摒弃。要灵活把握那些和时代紧密相连的内容，既不能因循守旧，受到封建思想的迫害，也不能全盘西化，丢掉优秀的民族传统文化，民族性是武术之灵魂，是重点保护的对象，越是民族的越是世界的，只有保住了民族性特点，武术的对外传播才更有意义和价值。

三、高度重视武术竞技化的规则问题

在武术竞技化发展中，竞赛规则发挥着举足轻重的作用，如对竞赛秩序予以维护，保证竞赛的公平公正，为对武术技术的发展方向进行调控提供依据，提高比赛的规范性和比赛水平等。但现阶段我国武术竞赛规则还不健全，对我国传统武术的竞技化发展造成了严重的制约。为了更好地发挥武术规则的作用，在武术竞技化中必须高度重视竞赛规则问题，确保规则的客观性和可接受性。

（一）确保规则的客观性

竞赛规则的客观性是其最根本的属性，要确保竞赛规则的客观性，就要在规则执行中正确看待一些常见问题，不能一味追求简单方便，而要以比赛需要为依据适当提升规则的复杂性和难度，增加扣分点，对一些规定进行细微分化，只有规则的客观性有了保障，才能解决比赛中的问题，保证比赛结果客观公正。

（二）确保规则的可接受性

在保证武术竞赛规则客观性的同时，还要确保规则能够被大众接受和认可，确保其有较强的操作性。只有达到这些要求，规则的作用才能充分发挥出来，才能为维护比赛秩序和促进比赛顺利进行而提供保障。

由于不同大众的武术基础、文化基础不同，因此对竞技武术的普及推广不可能一蹴而就，需要一个循序渐进的过程。为了实现更好的推广，应结合武术段位制对竞技武术的动作和规则进行等级划分，某一等级的规则对应某一等级的动作，让动作和规则在相对应的前提下由简单到复杂、由低级到高级地过渡，从而使不同基础的人的不同需求都能够得到满足，激发人们对武术的热情。

四、改革武术竞赛制度

武术竞赛一般需要相对较长的时间才能完成（散打除外），全国冠军赛、全国锦标赛等存在竞赛时间过长、缺乏观众互动性、易引起观赏疲劳等缺点，从而限制了武术竞赛的发展，因此应改革与优化传统武术竞赛制度，主要从下列几方面进行。

(1)扩大散打王比赛规模，实行俱乐部制，缩短比赛时间，增加比赛的激烈对抗性。

(2)精简比赛类型，提高比赛质量，避免重复比赛。

(3)加大媒体宣传力度，形成观众轰动效应。

五、培养优秀武术人才

（一）建立人才资源库

武术后备人才是武术竞技化发展的重要保障，如果缺少后备人才，传统武术的竞技化发展就会失去动力。因此，有必要建立武术后备人才资源库。把优秀的武术运动员编入资源库，构建后备人才的良性供求体系，从根本上保证我国传统武术的竞技化发展后继有人。

（二）建立教练员人才市场

传统武术的竞技化发展离不开人才，自然也离不开运作模式成熟的人才市场。武术教练员的价值只有通过合理流动的人才市场才能实现。因此要尽快建立教练员人才市场，改变武术教练员的传统服务性质、服务形式，引入竞争机制，鼓励教练员自由竞争，发挥特长，自我提升。

（三）提高人才培养质量

传统武术竞技化发展的关键是培育人才，在人才培养中要注意以下两点。

1. 改变传统观念

论资排辈是我国传统武术人才选拔观念，这种人才选拔方式不能适应武术竞技化发展的需要，因此要改变传统选拔观念，培养学校优秀的武术运动员人才作为武术竞技实践的主力军。

2. 优化知识结构

要发展竞技武术，必须注意把相关学科纳入特色化武术教育体系中，只有这样，武术人才的知识结构才能合理、优化。

六、改革武术管理体制

对武术管理体制的改革创新是武术竞技化发展的重要途径。武术作为我国传统体育项目，在现代竞技化发展的过程中肩负着早日进入奥运会的伟大使命，因此对武术管理体制的改革创新更具有现实意义。现代化管理是推动武术产业化和竞技化发展最为直接的手段。因此，要不断提高科学的管理意识和管理水平，实现武术管理的改革创新。

七、加大对竞技武术的宣传和推广力度

大力宣传与推广竞技武术，提高大众对竞技武术的认知度，并在基本了解的基础上对竞技武术文化所有理解和予以把握，进而对武术运动产生兴趣，积极参与武术运动。在竞技武术的传播和弘扬中要与武术文化紧密结合，使武术技术与武术文化在传播中相辅相成。

宣传与推广竞技武术，尤其是武术套路，并不是短时间就能见效的，不管是国内推广还是国际推广，都需要一个过程，尤其是国际推广，西方体育文化的冲击阻碍了中国武术的国际传播，在这种情况下要使中国武术套路出现在国际竞赛中是很难的，而且国际武术竞赛中的套路内容不是只有简单的几个，因此要继续对中国武术的技术体系予以完善，依据规则而对不同时间长短和不同难度水平的套路进行编排，使世界各地的武术爱好者能够参与适合自己的套路，更好地接受中国武术，进一步加快中国竞技武术的全球化传播进程。

第六章　现代社会背景下传统武术的国际化传播与发展探索

作为中华民族的文化符号，传统武术具有强大的传播力，是传播中国传统文化和提升国家文化软实力的一个重要载体，国际化传播为传统武术传播提供了广阔的渠道和有效的途径。在全球化发展背景下，我国传统武术文化的国际化传播与发展取得了长足进步，但在世界各国还没有达到很强的普及程度，在国际化传播与发展中因为多方面因素的影响而存在诸多问题，迫切需要解决，以促进传统武术在世界各国的传播与发展。本章着重在现代社会背景下对我国传统武术的国际化传播与发展进行研究，首先阐述传统武术传播的理论体系，然后对我国传统武术国际化传播的基本情况、主要问题以及模式进行分析，最后提出我国传统武术文化国际化传播与发展的科学策略。通过本章研究，旨在促进传统武术文化在全世界的弘扬与发展。

第一节　传统武术传播的理论体系

一、传统武术与传播的关系

（一）传播促进了传统武术的发展

文化之所以能够发挥作用，给人类带来这样或那样的影响，主要是依靠人的传播而实现的，这一点得到了传播学派的理论先驱——莱奥·

弗罗贝纽斯的认可。萌芽于生产劳动中、兴起于军事战争中的武术文化，最初得以传播与其本身所具有的格杀功能有直接的关系。随着社会的发展，武术的多元功能与价值被挖掘出来，武术在民间传播的过程中将自身强大的生命力充分展现出来，并与中国传统文化密切联系，相互融合。武术文化形态在明清时期就基本完备了，而这一切成果与人的传播活动息息相关。武术的代代传承、绵延不断正是通过人际传播而实现的。离开人与人之间的传播，武术就会失去生命力，无法传承至今，最终腐朽，走向灭亡。从传统武术的发展历史来看，每个时期的发展都与传播密不可分，也可以将武术发展史理解为武术传播史，武术与传播相伴而生，传统武术因传播而实现了良好的发展。

（二）传统武术丰富了传播的内容，影响传播功能的实现

作为一种极具普遍性的社会行为，传播具有多元化的功能，如社会交往、存储、控制与调适功能，娱乐功能，教育功能以及社会化功能等。传播的内容本身就丰富多样，而充实而完善的传统武术使传播的内容更加丰富，也促进了传播的多元功能的实现。传统武术历经几千年的传播与发展，其自身的体系越来越丰富、完备，科学性不断增强，与社会发展的需要达到了一定的适应度。传统武术的技击价值、健身价值、教育价值及文化价值等内在价值决定了其能够不断保存与流传至今。传统武术是中华民族传统文化的优秀代表，其价值丰富，魅力独特，与人类社会的需要相符，所以才能通过传播而延续下来，并且在传播过程中充分实现了传播本身的功能，反映了传播的强大影响力。

总之，传统武术在传播中实现了传承与发展，传统武术又促进了传播内容的丰富，对传播功能的实现产生了重要影响，武术与传播相伴相生，密不可分。

二、传统武术传播的概念

传统武术以信息流动的方式而传播，包括语言信息、文字信息、动作信息、图像信息等，传统武术传播是传播者传递这些信息和传播对象接受这些信息的过程。传统武术传播作为一种社会行为与传统武术所处的社会环境是分不开的，也就是说传统武术总是在一定的社会环境下传

播的，社会环境直接影响传统武术的传播过程与结果。可以将“传统武术传播”定义为传统武术传播者在一定社会环境下运用一定传播媒介而将传统武术相关信息传递给传播对象，从而实现共享互动的过程。①

三、传统武术传播的层次

一些学者将传统武术传播划分为两种类型，一是传统武术的技术传播，二是传统武术的非技术传播，即传统武术所负载文化的传播。这是以传统武术传播内容的侧重点为依据而划分的。除了这种划分方式外，还能以“文化三层次”学说为依据而将传统武术传播划分为三个层面，分别是传统武术物质层传播、传统武术制度层传播以及传统武术价值观念层传播。

（一）物质层传播

传统武术的物质层传播也就是表层传播，主要是对传统武术物质文化的传播，传播内容包括武术基础设施、武术服装、武术技术功法等。在传统武术传播的三个层面中，表层传播最活跃，是具有标志性的传播，为传统武术的深层交流与传播奠定了良好的物质基础。

（二）制度层传播

传统武术制度层传播属于中层传播，主要是对传统武术制度、法规、管理规则等内容的传播，传播主体主要是制定这些制度、规则的武术主管部门或其他武术社团。这个层面的传播具有强制性和指导性特征。

（三）价值观念层传播

传统武术的价值观念层传播属于深层传播，传统武术与中国传统文化关系密切、相互交融，如传统哲学文化、伦理文化、医学文化、民俗文化等，传统武术在与多元传统文化相互交流与融合的过程中，受到传统文化的浸润，从而能够表达出传统伦理道德、民族性格、民族情感及一定的

① 黄震．中华武术国际化传播模式研究[D]．河南大学，2012.

价值取向与审美观念等。

在传统武术传播中，要将传统武术视作一个系统而完整的文化体系，不管是从文化结构层次来看，还是从传播内容来看，都要进行完整传播，强调传播的全面性、完整性及多层次性。

四、传统武术传播的条件

（一）共享性

在传统武术传播中，传播主体不仅要以自己的方式来传播，还要以传播对象能够接受和理解的方式来传播。这是传统武术传播的一个重要条件，即共享性，其不仅是指传统武术技术的共享，也包括传统武术文化的共享，后者在某种情况下比前者更加重要。

传统武术在几千年的历史中形成了丰富而独特的文化内涵，其充分展现了中华民族传统文化的优秀特质，在传统武术传播尤其是国际化传播中要特别强调武术文化内涵的重要性。如果传播对象不了解中国传统文化，不了解武术的文化内涵，那么即使学会了武术技术，也达不到神似的效果，而且对习武的热情也可能不会长久。

武术技术动作是传统武术的表层文化内容，相对来说容易被学习和接收，但要对传统武术的深层文化内涵予以理解就很难了。所以在传统武术传播中不仅要传播技术动作，更要传播文化内涵，如对传统武术中所蕴含的伦理道德、民族精神、美学文化、哲学文化等进行传播。只有传播对象能够主动接受和充分认同传统武术的文化因子，共享这些文化成果时，才能使传统武术文化得到更好的传播，使传播更有深度和持久性，最终真正达到传统武术传播目标。

（二）传播关系

传统武术传播是常见的社会行为与社会活动，这个活动的展开要以一定的传播关系为基础，这里的传播关系是一种社会关系，具体是指传统武术传播中所发生的各种联系。只有将传播关系确立下来，将传播者和传播对象的角色明确下来，才可能开展传播活动。

在传统武术传播中，传播关系的形成与建立至少是在两个人之间，如果只有单个个体,传播关系是无法构成的。传统武术传播者必须与传播对象产生联系,建立的传播关系越多,传播范围就越广泛,从而也提升了传播速度和传播效果。构建传统武术的传播关系网络,应该体现出层次性和交叉性,要采用多种渠道与方式来使传播者与受众建立关系,如在国际化传播中要与海外受众建立关系,可以向外派遣武术专家、组织武术国际表演、创建国际武术培训班、设计武术组织网络等,这些都有利于促进国际性传播关系的建立与稳固。

(三)传播渠道

传播渠道就是传播通道,或者说是传播工具、传播媒介,是将传播者和受众连接起来的纽带,或者说是建立传播关系的桥梁。传统武术传播需要传播者运用各种传播媒介和工具来向传播对象传递武术技术和文化因子。传统武术传播渠道主要有人际传播和媒介传播两种形式。前者是指面对面传播,后者是指采用书刊、报纸、广播、网络等大众传播媒介而进行传播。各种传播媒介的出现突破了以往面对面传播的单一方式,使传统武术传播范围更广,传播速度更快,传播内容更丰富,实现跨越时空的现代化传播,使传统武术在国内外都产生很大的影响力,使武术爱好者遍布世界各国,推动传统武术的国际化发展。

第二节　传统武术国际化传播的态势

一、传统武术国际化传播的成果

我国传统武术的国际影响力近些年来不断提升,尤其是武术出现在北京奥运会上之后,虽然只是作为表演项目出现,但仍取得了良好的传播效果。一般来说,奥运会中只有东道主国家非常具有代表性的典型体育运动才能作为表演项目出现,而我国将武术作为表演项目推向奥运会,足以说明武术在我国的地位,也反映了武术在国际上的认知度和认可度。武术已经作为表演项目出现在奥运会盛典中了,未来也有可能作为比赛项目而出现在奥运会上，这有待我国进一步加强传统武术的竞技化发展，推动传统武术的国际化传播。

当前，我国传统武术的国际化传播成果主要体现在以下两个方面。

（一）传播机构和武术赛事的数量都有所增加

为了将我国武术运动有计划、有目的地推向世界各地，我国制定了“把武术逐步推向世界”的方针，并不断建立专门的组织机构来开展各种传播活动。在我国传统武术的国际化推广与传播中，国际武术联合会作为国际上武术运动管理的唯一全球性组织发挥了举足轻重的作用，该机构成立于 1990 年，地点在北京。从成立到现在，国际武联的成员国遍布五大洲，数量不断增加。国际奥委会正式认可国际武联是在 2002 年，被认可的国际武联成为国际合法组织，为传播武术运动做了大量的贡献，为传统武术的国际化传播提供了重要的组织保障，加快了中国传统武术国际化发展速度。随着国际武联会员国的增加，世界各国不断成立武术组织机构和各个拳种协会，尤其是太极拳组织，已在全世界百余个国家和地区建立，可谓数以千计。

传统武术的国际化传播成果不仅体现在组织机构的成立上，也体现在赛事的组织上，在传统武术国际化发展方面，武术赛事功不可没。比较著名的世界性武术赛事有世界武术锦标赛（代表中国武术最高水平的赛事）、世界青少年武术锦标赛（旨在培养武术后备人才）等。中国武术世界性赛事体系已初步形成，国际性武术赛事在国际上产生了重要影响力，其既是中国武术国际化传播的成果，同时也进一步促进了中国武术的国际化传播和发展。武术的世界性赛事不仅包括专门赛事，也包括世界综合性运动会中设立的武术比赛，如设立了武术比赛项目的世界综合性运动会有亚运会、世界运动会、世界传统运动会、世界武搏运动会等。

（二）传播对象的规模扩大，传播内容越来越丰富、多元

随着传统武术国际化传播速度的加快和传播水平的提升，世界各国的习武者越来越多，习武者参与的拳种项目也越来越多。以最具代表性的太极拳为例来看，现在世界上的太极拳组织数量庞大，遍布全球一百多个国家和地区，全球学习和参与太极拳运动的人数以亿计，其成为国际上参与人口规模最大的武术运动。此外，少林武术在世界各地也广为

流传，世界上有成百上千万的人学习少林武术。这反映出世界各国正在逐步接受与认可中国武术，而且武术的国际化传播内容也不局限于单一拳种，为了满足各国人民的兴趣爱好和习武需求，我国向国外传播与推广的武术内容越来越丰富、多元。

总的来看，世界上的武术传播组织机构越来越多，世界性武术赛事水平不断提高，全球习武者规模庞大，武术的国际化传播内容日渐丰富，这些都是中国传统武术国际化传播与发展的重要成果，是值得肯定和骄傲的，我们为此感到欣慰和自豪。

二、传统武术国际化传播的问题与困境

上面分析了传统武术国际化传播的重要成果，但整体分析来看，我国传统武术国际化传播的问题大于成果，面临诸多现实困境，对武术国际化发展造成了严重制约。下面具体分析传统武术国际化传播存在的问题和面临的主要困境。

（一）武术文化核心理念不明确

传统武术文化的国际化传播和发展需要以明确而有特色的文化核心理念为根基。日本空手道、韩国跆拳道等武术项目之所以能够在国际性推广与传播中取得良好的成果，主要原因之一是其文化理念非常明确，基于具有民族特色的文化理念而传播武术技术和武术文化。

比较而言，我国传统武术在国际化传播中核心理念不是很明确。中国武术的核心文化理念是能够容易被世界各国人民所接受和理解的具有中国特色的文化理念。从思想观念层面来看，虽然传统武术中蕴含着“太极”“八卦”“阴阳”“五行”“天人合一”“仁义礼智信”等传统文化内涵，但普遍是与中国传统文化交融而体现出来的，也可以说是借用了传统文化的内容，而真正属于武术本身的文化内涵却提炼得比较少。

我们虽然经常听到武术专家倡导武术的“天人合一”“内外兼修”“道法自然”“和谐中庸”等文化精髓，但这些空泛又抽象的内容看不到摸不着，只能依靠习武者在长期的实践中来体悟，中华儿女对中华民族传统文化有一定的认知与了解，因此在习武中对武术文化精髓的悟性比较高，但其他国家的习武者因为对中国传统文化不了解，所以很难产生深

刻的体验和感悟，从而影响了传统武术文化的国际化传播。

（二）武术动作失真

不管是什么事物，本身都具有两面性，表现为利、弊，得、失，正、负等。为了避免以偏概全、一叶障目，必须用辩证的眼光去分析这些事物和看待一切问题。武侠片作为武术文化发展的产物同样具有两面性。武侠片在传统武术的国际化传播中发挥了至关重要的作用，但它同时也存在不利的一面。我们要从辩证视角出发来对其进行分析与评价。

武侠影视作品从大的方向上确实促进了传统武术的国际化传播，但因为武侠片中存在的一些问题也给武术的国际化传播带来了不利的影响，这种影响是客观存在的，甚至是不可磨灭的。随着现代科技的不断发展，科技成果在影视业中得到广泛应用，如电脑特技在武侠影视作品中应用极为普遍，甚至一部武侠片从头到尾都是用电脑特技堆积而成的，影片中不乏一些过度夸大武术功效的场面，如飞檐走壁、金刚不坏之身等，这些背离现实的内容严重误导了观众。

武侠片中的武打场面大都取材于我国传统武术各个门派的拳术，但有时为了商业效益而过分夸张，故弄玄虚，与真实的武术严重不符。有些武侠片中不同武术门派之间势不两立，是敌对关系，这其实是对现实中武术门派之间矛盾与冲突的过分虚夸。有的武侠影视作品塑造的武侠人物也有夸张的成分所在，虽然这是影视制作的一种常见方法，无可厚非，但如果通过武侠影视作品而传播严重不符合现实的内容，难免会使国外观众对中国武术运动产生误会，一旦有了很深的误解，尤其是误解深入人心之后，要解释清楚就比较难了。

（三）传播内容泛娱乐化

现在我们身处“眼球”时代，人们对视图有着很强的依赖性，所以人们很容易看到那些娱乐化的快餐信息，而且也比较容易接受这些信息。社会娱乐文化环境严重影响了中国传统武术的传播环境。在这样的社会环境下，中国传统武术的传播很难做到“出淤泥而不染”。现在，我国武术文化的传播已经陷入了大众娱乐化的大环境中，为了满足人们的娱乐需求，武术影视作品中充满电脑科技堆砌而成的唯美、玄幻画面，在武术赛事的传播中以一些花边新闻来搞噱头，从而导致中国武术的生存环境和传播环境不断恶化。

现代传播媒介环境中充斥着大量的快餐娱乐信息，这些信息是传播媒介环境的重要组成部分，有的信息真实，有的信息虚假，但有些观众不加选择地接收所有信息，这无疑会造成对所传播事物的误解。中国武术正处于这样的媒介环境中，过于娱乐化的传播内容对传统武术的国际化发展造成了一定的制约。

（四）传播内容不均衡

任何事物在对外传播时都是先传递容易传播的东西，传播内容有一定的侧重，但也有忽略的地方，难以做到绝对平衡。传统武术的对外传播也是如此。传统武术的国际化传播需要借助语言、文字去表达，传播对象有着不同的文化背景，而不同的文化又会产生有差异的语言与文字。在不同背景下生活的人其生活方式、价值观念也有差异，所以不同国家的人民相互之间很难理解。

西方人不像中国人一样喜欢事事感悟其中的文化内涵，而是偏爱追求外在的物理机械运动。因此在面对传统武术的传播信息时，那些有招有式、看得见、能模仿的内容往往成为他们的首选，常常忽视那些看不见摸不着的需要理解、品味的文化内容。这就导致在传统武术的国际化传播中传播较多不需要太多语言讲解的武术套路等内容，而对于需要语言讲解的文化因子则传播较少。

（五）缺乏双语传播环境

语言是传统武术国际化传播的首要条件，无论是以何种形式传播武术，只要有交流，就需要语言的存在，运用语言来传播传统武术的效果往往比较理想。当前，我国缺乏具有双语教学能力的武术传播者，即使武术在许多国家受到人们的喜爱，但要形成较大的规模比较难，而且档次的提升也很困难。我国可用外语进行武术教学的师资严重缺乏，武术外文教材编写难度很大，这些因素影响了传统武术的对外传播。我国各类武术院校、武术馆以及体育院校或高校体育学院的民族传统体育专业的教学都是以汉语为主，极少有涉及其他语言的教学，没有系统的外语教学。仅用汉语教学是很难培养国际武术人才的。[①]

(六)缺乏反馈机制

任何事物的传播,尤其是国际传播,其传播效果并不代表传播活动的终结,而是传播活动的新起点。在传统武术的国际化传播中,我们既要重视传播内容,也要重视传播效果,要从反馈信息和阶段性的传播效果出发展开新的传播活动,不断从反馈中发现问题、解决问题。

关于传统武术国际化传播的反馈,其发生原理是传播系统先把武术信息传输出去,再通过各种平台将传输信息在受众中产生的效应反馈回来,之后分析反馈的内容并进行调整,然后再传播调整后的武术信息,如此循环。可见,有反馈的武术信息对下一次武术传播活动的内容、效果有直接的影响。但当前我国传统武术的国际化传播缺乏及时有效的反馈机制,因此没有调整与完善传播策略的依据,最终影响了传播效果。

(七)传播者综合素质良莠不齐

任何传播活动脱离了“人”就无法运转,传统武术的国际化传播也不例外,传播者是武术国际化传播的首要因素。无论是官方组织机构还是民间武术传播者,其专业能力和人文素养都决定着武术的传播效果。

不同层面的武术传播者其传播能力是有所差别的。以语言能力为例,武术传播者运用传播技巧和策略对外推广武术时语言能力是非常重要的。许多专业武术运动员在对外传播武术时由于语言水平较低而感到力不从心,无法达到理想的传播效果;而语言水平高、对外传播能力强的业余武术者虽然技术不够专业,但是他的受众人数可能会多于专业武术人士,不过其传播质量却无法保证。[②]

总之,我国传统武术国际化传播的人才队伍存在专业素质和综合能力良莠不齐的问题,从而使武术传播事业的发展受到制约。

(八)缺乏良好的武术制度环境

完善的武术制度对指引武术传播方向、规范武术传播行为具有重要

① 张国才．全球化背景下中国武术的国际化传播研究[D]．南京师范大学,2015.

② 杨毅华．全媒体语境下武术对外传播研究[D]．大连理工大学,2017.

作用。传统武术的传播、发展与武术主管部门制定的各种政策息息相关。中国国家体育总局武术运动管理中心、中国武术协会、国际武术联合会等机构制定的武术相关方针政策为武术国际传播提供了正确的导向和重要的保障。① 其中武术运动管理中心是全国正式的专业武术管理机构,对创建制度环境起到重要作用。

在武术运动管理中心的领导下,我国逐渐建立起武术方面的很多制度,如武术竞赛管理制度、武术管理培训制度、全国武术之乡评比制度、武术裁判员考核制度、武术段位制度等,为武术的国内传播与发展营造了良好的制度环境。但我国缺乏武术国际化传播的制度。主要原因是传统武术的国际化传播时间短,传播工作复杂,缺少配套法规,武术国际传播制度的缺失导致武术国际化传播缺乏良好的保障。

第三节 传统武术国际化传播的模式

一、武术传播模式的基本理论

(一)武术传播模式的概念

1. 传播模式

“传播模式”指的是通过科学的抽象在理论上把握传播的基本结构、基本过程的基础上,最简要地描述传播的主要成分、传播过程的主要环节,以及这些成分、环节和有关变量之间主要关系的图式。②

① 郭强.武术国际传播策略研究[D].广西师范大学,2006.
② 郭玉成.武术传播引论[M].北京:北京体育大学出版社,2006.

2. 武术传播模式

根据传播模式的概念,可以将武术传播模式的概念表述为对武术传播的主要成分、武术传播过程的主要环节及其有关变量之间相互关系进行描述的图式。①

(二)武术传播模式的基本要素

1. 武术传播者

武术传播者是进行武术传播的主体,武术信息就是从武术传播者这里产生的,武术传播者是传播模式的首要因素。

2. 武术传播内容

武术是武术传播基本模式的第二个要素。武术传播者在传播武术的过程中,不但要传播武术技术,还要传播武术文化,这都是重要传播内容。

3. 武术传播途径

武术传播途径有很多,传统武术传播中,民间交流是主要途径。竞技武术传播中,国际传播途径发挥了重要的作用。我们要选择最佳传播途径。②

4. 武术传播的阐释

在武术传播中离不开武术传播阐释。只有进行阐释研究,使传播者与传播对象实现便捷交流,才能提高武术传播的效果。

5. 武术传播对象

武术传播对象是武术传播的最终受体。针对不同的传播对象要采

① 郭玉成. 武术传播引论[M]. 北京:北京体育大学出版社,2006.
② 冯文杰. 中华武术的现代传承与发展[M]. 北京:中国商务出版社,2018.

用不同的传播方式和内容。

6. 武术传播效果

武术传播效果是武术传播过程的最后传播环节，是检验传播活动的标准。武术传播效果会反馈到武术传播者中，为调整传播策略和方式提供依据。

7. 武术传播环境

武术传播系统是社会系统的子系统。武术传播与现代社会诸要素相互联系、相互影响，所以武术传播一定要考虑社会环境。

二、传统武术国际化传播模式的要素分析

上面分析了武术传播模式的七个因素，传统武术国际化传播作为武术传播的一种特殊形式，同样包含这七个因素，也可以说是七个环节，它们相互依存、相互作用，缺一不可。下面对传统武术国际化传播的七大要素展开具体分析。

（一）国际传播者

在传统武术的国际化传播中，首先要考虑的要素就是传播者，即武术国际化传播活动的发起者。传统武术国际传播者包含由官方组织传播者和民间组织传播者构成的组织传播者以及一对一传播的非组织传播者。

1. 组织传播者

（1）官方组织传播者

传统武术国际官方组织传播者也就是专门为进行武术国际化传播而建立的组织机构，这是国家层面的武术机构，专门负责武术的对外推广。有关学者提出成立“国务院中华武术国际传播协调小组”，该机构由国家体育总局、国家教育部、国家文化部、国家外交部等部门组成，其中起牵头作用的是国家体育总局，协调其他各部门的工作（图 6-1）。各个部门下设武术国际传播小组，组长由相应部门的主要领导人员担任，这

个部门及下设的武术国际传播小组在发挥部门职能，努力推广武术运动的同时不断交流与沟通，协调配合、形成合力，共同攻克难关，完善武术国际化传播的使命。

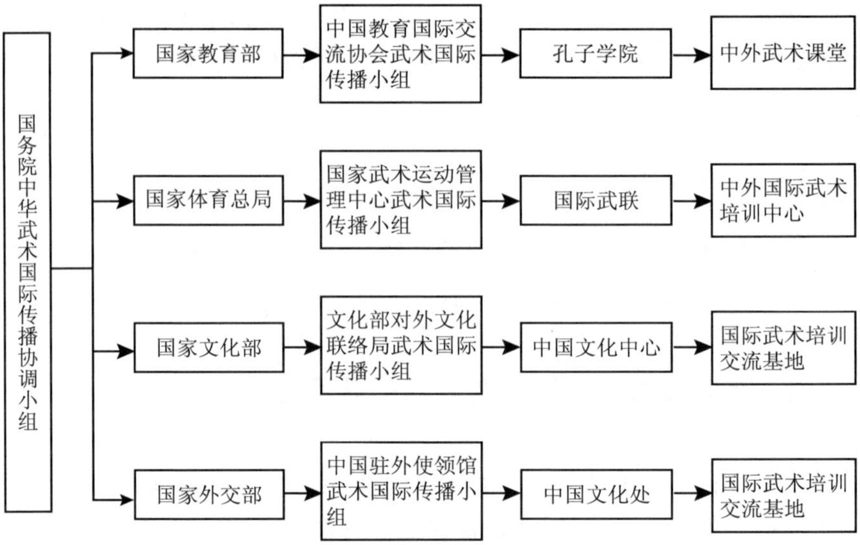

图 6-1　武术国际传播官方组织①

(2)民间组织传播者

在传统武术国际化发展中，民间传播组织同样发挥着举足轻重的作用，为传统武术在世界各国人民群众中的传播起到了重要的引导作用。常见的国际性民间组织传播单位见图 6-2。

2. 非组织传播者

非组织传播者以一对一的方式来传播武术信息，常见传播形式有师徒传播、师生传播、亲情传播等。

(二)国际传播内容

传统武术国际化传播内容体系由技术体系、文化体系和应用体系三个部分组成，见表 6-1。

① 黄震．中华武术国际化传播模式研究[D]．河南大学，2012.

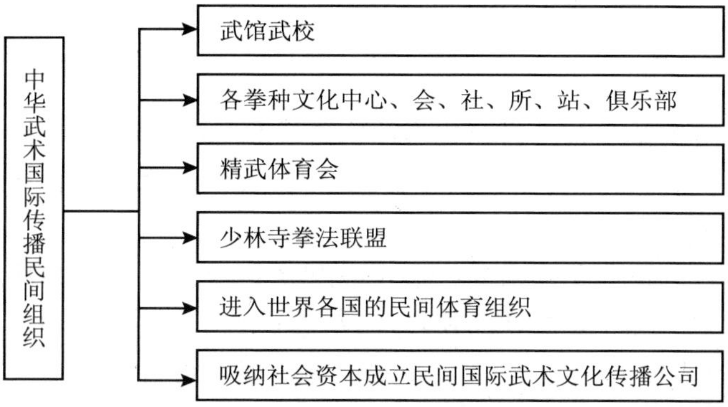

图 6-2　武术国际传播民间组织①

表 6-1　传统武术国际化传播的内容体系②

武术国际传播内容体系	具体传播内容
技术体系	(1)套路 (2)搏斗 (3)功法
文化体系	(1)武术发展史 (2)武术基础理论 (3)武术技术理论 (4)武术拳种与器械文化 (5)武术礼仪、服饰文化 (6)武德与武术精神
应用体系	(1)武术教学 (2)武术训练 (3)武术竞赛 (4)武术管理 (5)武术科研 (6)武术政策法规 (7)武术信息传播 (8)武术交流 (9)武术产业开发 (10)武术考评

① 黄震．中华武术国际化传播模式研究[D]．河南大学，2012.

② 黄震．中华武术国际化传播模式研究[D]．河南大学，2012.

1. 技术体系

关于传统武术技术内容的国际传播与推广，需要建立规范完整的传播推广体系，结合时代特色进行创造性、现代化传播，不断与时俱进，适应时代要求。

传统武术国际化传播的技术体系内容中，武术套路的传播与推广非常重要。有些偏于竞技性的项目，已经达到了一定的标准和较高的规范度，传播模式较为成熟，以进入奥运会为主要传播目标。武术套路中传统性的项目主要是指各门各派的拳种，对于这类内容，要重点对外推广具有代表性的拳种项目，在我国已经具有良好群众基础的项目是对外传播的首选，在传播过程中加强宣传，不断加以规范。

武术技术体系除了武术套路，还包括搏斗和功法，在国际化传播者要加强三者的紧密结合，形成完整的传播体系，对此可采用武术段位制来加以统一和规范，而且可以对韩国跆拳道的国际化传播经验和创新性传播模式加以参考和借鉴。

2. 文化体系

在传统武术的国际化传播中，如果只传播技术层面的内容，则显得枯燥单一，势单力薄，虽然技术体系的内容相对标准、规范，但要使受众真正接受，激发其兴趣，激励其参与，还需要文化因子的渗透与潜移默化的影响。因此有必要传播传统武术的丰富文化知识和文化内涵，培养受众的品德修养和精神品质，提升其精神境界，使传统武术文化真正深入人心。

3. 应用体系

不管是传统武术技术体系内容的传播，还是文化体系内容的传播，都需要应用体系作保障。因此对传统武术应用体系内容的传播也是必不可少的。

总之，在传统武术国际化传播内容体系中，要将技术体系、文化体系和应用体系有机结合起来，深入理解三者之间的逻辑关系，在此基础上建立科学、统一的传播内容体系，促进传播内容的丰富和传播效果的提高。

（三）国际传播途径

在传统武术的国际化传播中，国际传播者要通过一定的传播途径将传播内容传输给传播对象。传统武术的国际化传播途径既有官方途径，也有民间途径，此外，随着传播的发展，媒介途径和教育途径也发挥了重要的作用。以国际化的教育性传播途径来看，主要形式是我国教育部门和国外教育部门、教育机构建立多种多样的合作关系，开展合作教育活动，具体方式如下。

第一，使中国武术通过孔子学院武术课堂而成为国外高等院校的重要活动内容之一。

第二，在我国设有武术专业的高等院校面向国外留学生而进行系统的武术教育。

第三，我国高等院校与国外高等院校联合创办武术学校，开设武术专项课程和选修课程，设立学分制。

第四，我国在其他国家或地区设立国内高校的分校，在分校设置武术专业，吸引国外大学生习武。

（四）国际传播阐释

在传统武术国际化传播中，为了使受众对传播内容有更快、更准确的了解，促进预期传播效果的尽快实现，需要在传播者与受众之间进行传播阐释，主要是由传播者向传播对象阐明与解释传播内容。传播者经过简单的阐释后，传播对象更容易理解和接受传播内容，需要注意的是，只通过简单的阐释来使受众完全理解传统武术是很难的，而受众自己在长期的武术实践中不断体验和感悟才是最重要的。

世界各国、各地区的文化千差万别，风俗习惯、语言环境等存在很大的差异，因此在武术传播中进行跨区域、跨文化的传播阐释很有必要。传播阐释具体表现为运用文字、语言来翻译传播内容，将传播内容简明扼要、生动准确地表达出来，为受众理解、领悟及接受传统武术文化的内涵提供便利，尽可能减少因理解不当而造成深深的误解。

（五）国际传播对象

在国际社会中传播传统武术，面临的是千差万别的传播对象，为了提高传播的针对性，达到预期的传播效果，需要在对传播对象所处的地域环境、文化背景、语言环境以及其个人因素等诸多因素加以综合考虑的基础上来精选传播内容和传播方式，进行有效传播。具体考虑因素如图 6-3 所示。

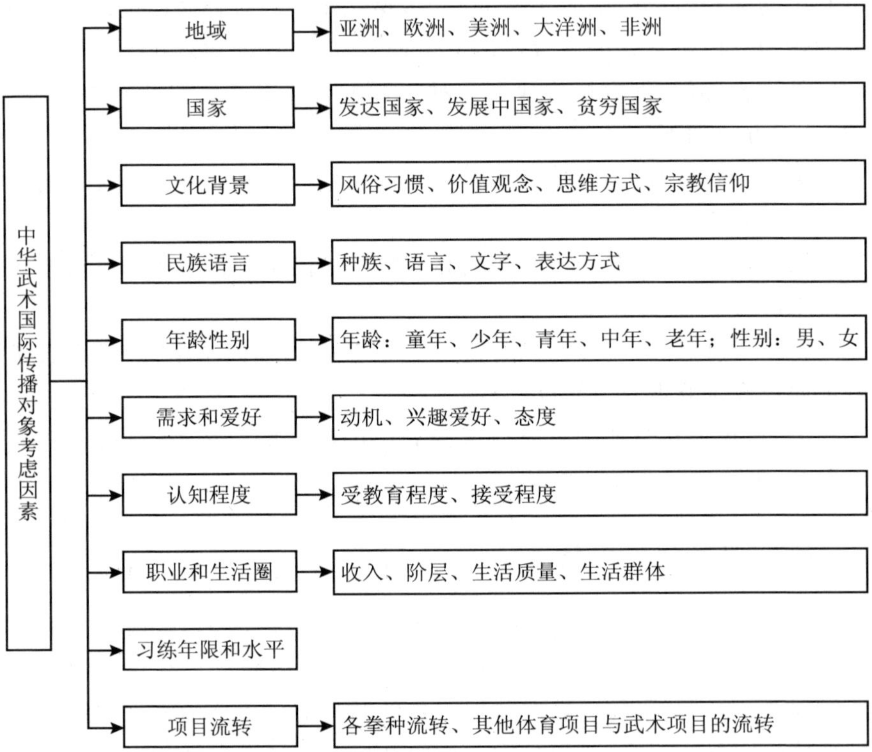

图 6-3　武术国际化传播考虑的因素①

例如，传统武术的国际化传播效果在不同的地域是有差别的，如传播最好的是在亚洲地区，欧美洲其次，大洋洲位列第三，在非洲的传播效果最差。今后的国际化传播中除了要巩固在亚洲、欧美洲的传播效果，继续加大传播，同时也要加强在薄弱区域的推广和传播。在传播过程中对各洲际的气候环境也要给予必要的考虑。

从国家层面来分析，对传统武术国际化传播最有利的国家是经济基础好的欧美发达国家，发达国家的人经济条件好，对健康的需求很高，而

① 黄震．中华武术国际化传播模式研究[D]．河南大学，2012.

习武能够满足其对健身养生的高需求。发展中国家与中国因为有相似的国情，所以认知基础也相似，因此也有利于在这些国家传播传统武术。非洲一些国家比较贫困，甚至无法解决温饱问题，因此对健身养生的需求极低，在这些国家传播传统武术还缺乏成熟的时机和基本的条件。

（六）国际传播效果

传统武术国际化传播的效果体系包括下列两个组成部分。

1. 考察体系

武术国际传播效果的考察体系比较粗略，考察主要从数量、质量和效率三个方面进行。

数量方面的考察主要是看武术在多少国家和地区进行了传播，质量方面的考察主要是看武术在国外发展的整体水平。除了数量和质量方面的考察外，还要进行效率上的考察，也就是分析武术国际化传播数量、传播质量以及传播时间三者之间的关系，尽可能以较少的时间达到更好的传播效果，节约传播的时间成本，进行高效率传播。

2. 反馈体系

一般主要从下列三个方面来进行传播效果的反馈。

(1)传播者对反馈信息的主动收集。

(2)传播对象主动将反馈信息提出来。

(3)委托专门机构进行关于反馈信息的调查。

收集关于传播效果的反馈信息时，常见手段有电话、信件、邮件、问卷、访谈、网络论坛等，整理、分析大量的反馈信息，对反馈信息库加以建立，将重要信息向传播者或传播机构如实反馈，以便传播组织对下一步的传播计划和方案进行调整和完善，为接下来的传播活动提供指引。

（七）国际传播环境

武术国际化传播环境包括自然环境和社会环境。

1. 自然环境

自然环境主要是指各国的地理位置、气候条件、交通区位以及物产资源等。在武术国际化传播中要考虑各国的自然环境。如在气候条件良好的国家传播武术运动，对传播者的健康是有利的。有的国家拥有优越的地理位置、丰富的物产资源、便利的交通条件，这些良好的自然环境为传统武术在这些国家的传播提供了良好的条件和极大的便利。在自然环境恶劣的国家或地区往往很难顺利进行武术传播活动。

2. 社会环境

社会环境主要包括经济、政治和文化环境三个组成部分。在社会环境良好的国家和地区传播武术运动更容易达到预期效果，提高传播效率。如在政局稳定、政策法规健全、安全和谐、经济条件良好、文化包容性强的国家传播传统武术，将取得良好的传播效果。

第四节　现代社会背景下传统武术国际化传播与发展的策略

一、明确传统武术的文化核心理念

首先，要有明确的武术精神。武术是中华民族传统文化的重要组成部分，它充分体现了中国民族精神、价值和思想的核心内容，在明确传统武术的精神时，不仅要描述武术的本质和核心，还要表达对武术价值的追求。

其次，要有明确的武术口号。要想使外国人尽快记住武术，需要从武术的文化内涵中发掘提炼精练且朗朗上口的武术口号。

最后，要有明确的武术宗旨。通过了解事物的宗旨能够清楚地知道事物的真实目的。我们应该归纳总结传统武术的宗旨，明确界定武术宗旨，使世界各国人民对传统武术形成直观感受。

二、创新传统武术的传播内容

传统武术的国际化传播并不仅仅是简单传播某一拳种、某一套路，也不是仅仅简单地展现外在的招式，更重要的是向世界各地传播其承载的民族传统文化及其精神内涵。在武术模仿西方体育的过程中，其个性逐渐消失，从而影响了其在国际上的传播。传统武术走向世界必须保留精华，加强对精华的传输，同时要将其与世界其他先进文化进行综合创新，紧跟时代步伐，顺应时代潮流。

武术的创新既要实现"古为今用"，也要实现"洋为中用"，以动态的、长远的发展眼光去主动吸取其他先进文化。① 同时，创编一些动作技法相对简单，集健身、表演、观赏于一体的新套路，以适应国外武术爱好者习武的需要，增强他们的习武自信。

三、利用主流媒体来加大对外传播与发展力度

我国应充分利用国家主流媒体所掌握的国际传媒资源，采用合作、节目交换等方式传递传播传统武术文化。国家应大力扶持、成立对外经营的武术文化企业，增强其国际竞争力和影响力，形成良好的武术文化交流平台，努力培养具有国际核心竞争力的武术文化品牌。

国家应从政策、资金上鼓励有一定基础的出版传媒企业走出国门，以实体经营的形式传播武术文化，扩大武术文化的国际影响力和受众群体的规模，建立以政府为主导、市场为导向的武术传播机制，积极调动各方力量来促进国家主流媒体形成有效的武术国际传播力量。②

四、加强制度建设，成立国际传播机构

要保留传统武术在世界体坛的生存空间，提升传统武术在国际上的地位和影响力，就必须在传统武术的国际化传播中加强相关制度的建

① 刘勇．我国武术文化国际传播现状与发展策略研究[D]．湖南师范大学，2012.

② 黄震．中华武术国际化传播模式研究[D]．河南大学，2012.

设，成立专门的国际传播组织机构。国家武术主管部门要从全局出发将传统武术传播工作高度重视起来，充分履行职责，加强对传统武术国际化传播的统一部署与规划。

我国应从传统武术的国际化发展形势出发而加强相关法规与政策的建设，不断出台新的制度，并对现有武术相关制度加以完善，将国内武术组织与国际武术组织之间的关系协调好，对武术组织机构举办的传播活动予以规范和引导，促进武术传播合力的形成和综合效用的发挥。

要营造良好的国际武术传播环境，首先要在国内营造良好的习武风气和氛围，将武术纳入全民健身制度体系中，形成全民习武之风，这样在本国的留学生、国外旅游者等国外人民才会在良好的氛围中耳濡目染，深受影响，逐渐接受并参与武术运动。

此外，还有必要对传统武术国际化传播效果的评价机制进行建立，从而客观、全面地评价传统武术在不同国家的传播效果与发展水平，通过评价能够对反馈信息有及时的掌握，进而针对具体情况和存在的问题来制定新的传播与发展措施。

五、构建传播反馈机制

传统武术的国际受众是复杂多样的，我国将传统武术推广到海外，要达到预期传播和发展效果，就必须对复杂受众的诸多形态和心态予以分析，有准确的把握，对受众要有一定的了解，包括其兴趣爱好、习武动机、习武方式、习武效果等，了解得越全面，反馈信息越丰富、实用，就越便于更好地开展后面的传播工作。因此，有必要构建科学的武术国际化传播反馈机制，提高对武术传播活动管理的系统性。

我国应从本国主流媒体特点出发而建立反馈机制，成立反馈机构，充分收集、客观分析、科学处理和高效应用各种反馈信息，反馈机构要统筹好相关反馈工作，建立反馈信息库，更有针对性地来管理和利用反馈信息，并依据这些信息来探索传统武术国际化传播与发展的有效路径。

六、培养优秀人才，提升传播与发展水平

在传统武术的国际化传播与发展实践中，传播者鱼龙混杂及其素质

良莠不齐的现象较为严重，从而制约了传统武术国际化传播与发展的公信力，阻碍了传统武术在国际上的深入传播与发展。因此现阶段避免和杜绝此类现象尤为必要，提升传播者的专业化水平迫在眉睫。

提升传播者的专业化水平依赖于教育，教育是提高传统武术国际传播者传播能力的重要途径。对此，在高校教育中，尤其是在传媒专业和武术专业的教育体系中，应增设跨文化传播一类的课程及相关教育活动，打破专业壁垒，培养国际化武术专业人才。此外，对于民间传播者应建立等级考核制度，防止"滥竽充数"，提升民间传播者的专业素质和专业传播能力，这对实现武术国际化传播与发展目标至关重要。

第七章　现代教育背景下学校武术教育的发展探索

现代社会的快速变迁使现代教育的发展也悄然发生着变化。在这样的大背景下，传统武术的学校教育必然也要顺应时代的发展规律、适应现代社会的发展节奏、符合现代教育的发展理念，不断地进行探索与变革才能得到传承与发展。本章将从传统武术在学校中的发展现状、学校武术教学的理论体系、学校武术课程的设置与建设以及学校武术教育的可持续发展研究几个方面进行阐述，试图将当前我国传统武术在现代教育背景下的生存境况与探索成果进行全面的分析与研究，为我国传统武术文化的传承与发展寻求最佳途径。

第一节　传统武术在学校中的发展现状

一、传统武术在学校教学中的特点

（一）以基本功和套路为主

近年来，我国的小学、中学以及高校都相继开展了不同程度的武术教学活动。由于学生的年龄阶段不同，学校所在区域的文化特点也各有不同，因此武术教学的形式、内容和侧重点也有所不同。但是整体上而言，教学形式体现为丰富多样、不拘一格，有些是在体育课的教学内容中加入相应的武术内容,有些是以兴趣小组和俱乐部的形式开展;在教学内容上基本上遵照由易到难、由简到繁、循序渐进的原则,以提高学生的身体素质为前提,之后再以拳术和器械套路为主要教学内容。武术套路都是由基本的手型、手法、步型、步法、跳跃、平衡等单个动作组成。主要强调打好基本功,规范动作规范,为学习武术套路做好准备。

目前,我国义务教育和高等教育的武术教学主要集中在传统套路上,比如青年拳、三路长拳、太极拳、刀剑套路等,但是很少开设深层次的传统套路课程,比如少林拳、咏春拳和螳螂拳等。也有少数一些学校开设了跆拳道、散打等课程。在教学形式方面,教学课程主要侧重对武术的基本普及教育,而武术兴趣小组或武术俱乐部则鼓励学生发展兴趣爱好,因此是以学生的兴趣和个性特点展开教学,两种教学形式互相补充,较好地满足了学生的不同学习需要。

(二)重视武术的基本理论

在教学过程中,除了加强身体素质、基本动作、基本套路、基本器械和基本拳法的教学之外,还特别注重对武术基础理论的传授。武术本身就有丰富的文化内涵和理论基础,为了能够更好地传承传统武术,因此,现有的武术教学都将理论与实践相结合。它要求学生除了加强身体方面的训练以外,也要善于思考,要有追本溯源的能力,要从理论的高度学习拳术或器械。培养学生不仅知其然还要知其所以然的学习方法和学习习惯。传统武术追求道法自然、天人合一、自强不息、厚德载物的价值观念,这些宝贵的中华文化精髓不仅是武术的文化内涵,也是重要的人生哲学,需要让学生们深刻地理解并学以致用。

武术很多的技法原理与现代运动学和人体科学一脉相承,对这些理论的教学有助于学生从多个角度学习和认识武术,从而更加深刻、透彻地理解和掌握武术。

(三)强调武术的健身属性

中华武术发于健身、立于防身、习于日常、归于武德。因此,健身是武术的最基本属性,对于当代中国人而言,武术既有强烈的文化内涵,也具有非常务实的现实功能。在学校的武术教学中,学生通过学习武术可以让身体得到充分的锻炼。与西方竞技体育不同,中国武术强调内外兼修，讲究理脏腑、通经脉、调精神，还讲究内三台、外三台、四击、八法、十二型等等。总之，长期练习武术可以很好地调节人体的阴阳平衡，对人体的气血、身体各项机能和精神状态都有很好的助益。特别是对于广大学生群体而言，对促进发育、增强体质、增进健康都有很大的作用。经常练习武术还可以抒发情志、缓解压力，当学生在学习压力较大的时候往往需要一个健康的发泄途径，那么通过打一套拳或者练习一套功法就能达到很好的疏导情绪的作用，对身心健康十分有利。

（四）加强锻炼学生的意志

学习武术不仅可以提高学生的身体素质，而且还能培养学生坚韧不拔、自强不息的意志品质。通过长期练习武术，学生可以逐渐养成不畏困难、勇于挑战自我的优秀品质。因为武术的学习会伴随着大量枯燥、艰苦、单调的基本功训练，而这正是非常有效的磨炼心性的途径。通过学习武术可以帮助学生获得一种坚毅的个性品质，在面对困难时能够更加从容淡定，能够拼尽全力战胜困难、突破自我。中华武术自古就有重礼仪、讲武德的优良传统。在武术学习中，通过潜移默化的方式培养学生养成克制内敛、宽厚仁慈的高尚情操。因此，学习武术非常有助于培养学生的意志品质。

（五）培养学生的审美能力

武术项目具有很高的审美价值，无论是武者刚健的形体之美，还是技术动作的流畅之美，无论是套路表演时浑然天成的和谐之美，还是团体演练时气势如虹的震撼之美，可以说武术在视觉上、认知上、情感上和精神上都能给人以极为强烈的审美体验，令人不禁心生敬畏、倍感鼓舞。因此，练习武术可以有效地提升学生的审美能力，使他们从小就自觉规范自己的言行举止，比如习武的人会要求自己“站如松、坐如钟”，以时刻保持一种端庄的体态之美，从而久而久之就会由内而外地散发出一身正气的独特气质。学习武术还在不知不觉间培养学生对自己、对他人、对世界都持有一种积极、正面的思想态度，它要求习武之人要自心常起正见，这是其他体育教学项目所不具备的。

二、传统武术在学校教学中的困境

(一)武术教学还未完全普及

就现有的情况看,当下的学校武术教育还没有做到真正的普及,并且距离高质量的武术普及还有相当的距离。首先,各地学校的武术教学内容参差不齐,在武术文化较发达的地方,武术课程相对丰富,而在欠缺武术文化根基的地区,普遍表现得不够理想。比如,中小学的教学中涉及武术的教学内容不足10%,甚至还有相当一部分学校至今都没有增加武术内容,还有一些学校由于升学压力大,本来已经编入教学任务的武术课程又被一些老师擅自取消。可以说在初等教育阶段,武术正逐渐丧失其应有的地位,还远远未达到普及的程度。

其次,目前的武术课程明显缺乏体系,套路简单,无法体现武术文化的博大精深,其丰富的哲学、军事、宗教、中医文化还没有被充分的体现。同时,武术教材也相对简单,没有统一的规划,现行的教学内容在基础理论方面还有些不足,表现为重实践轻理论、重竞技轻文化。

(二)受外来技击项目的干扰

由于有些发达国家在武术产业发展方面领先于我国,导致一些外来的技击项目进入我国,并获得很好的市场反应。其中比较典型的有柔道和跆拳道,这些项目由于背后有强大的产业支持,它们在文化宣传、市场开发、品牌打造等方面都做得非常成功,因此在国内有广大的受众。大大小小的跆拳道馆、柔道馆成为很多儿童青少年课余体育训练的主场景。由于这些外来技击项目成功的商业运作,很多学生在面对应该选择传统武术还是跆拳道或者柔道时,往往对后者更感兴趣,尽管这是受到社会整体环境影响的结果,但是不得不承认,它为我们的传统武术教学带来一定的困难。

我们的民族体育项目的开发程度还远远不够,无论是在文化传播方面,还是在商业运作方面,我们的传统武术还没有一个项目得到完整的开发和普及。很多国人对传统武术的认识始终停留在一知半解的程度,但是对外来技击项目的文化、重要赛事、计分方式等却了然于心。如果我们的儿童少年对本民族的传统体育没有完整的认识，却对外来文化充满兴趣，这将成为传统武术教学活动的一个重要障碍，甚至对传统武术的传承也造成巨大的风险。可以说，当下我们的武术教学和武术传承都面临十分尴尬的境地。

第二节　学校武术教学的理论体系

一、传统武术的教学原则与方法

（一）传统武术的教学原则

1. 重视武德教育

在传统武术的教学过程中，从来都是把武德放在非常重要的位置，因为尚武崇德是传统武术文化中的重要思想。无论是武术学习还是健身锻炼，无论是个人的防身还是竞技比赛，它都需要在一种“德”的约束下进行，并成为自身的一种修养。它要求习武之人要诚信正直、谦和忍让、见义勇为、追求正义，在社会生活中要遵守社会公德、恪守文化规范。这在现代社会仍然具有较高的教育意义，是可以跨越文化、民族、信仰的障碍，可以在任何一个现代文明社会通行的崇高的道德准则。

在古代社会，由于社会的法制建设还不够完善，因此在民间尤其重视道德规范和道德训诫，希望道德能够在法制不能触及的地方具有相应的约束力。因此，对于习武之人而言武德不仅仅是学习武术的必要修养，作为一个普通国民也同样追求具有崇高的道德。对于从事武术活动的人，则必须遵守相应行为方式和道德准则。为此，在进行传统武术教学的时候，对学生武德的教育是第一原则，所谓“未曾习武先习德”。武德并非空泛的说教，它体现在具体的教学过程中，比如要学生明确自己习武的目的和动机是否积极正面，不可以为了恃强凌弱而习武，也不可以因为贪慕虚荣而习武。

2. 强调直观教学

武术教学是一种动态的教学活动，它要求教练和学生始终在动态中进行演示、学习和交流，因此要做到直观性的原则。和其他教学不同的是，“坐而论道”是不可能学好武术的，武术的技法和武术文化都需要通过武术动作和武术套路体现，因此，武术教学一定要以直观为基本前提，并且把理论和文化融合进武术动作和武术套路之中，在实践操练中进行讲解和逐渐体会。

在实践中，要注意单个动作要做到准确而且稳定，连续动作要流畅连贯，这是具有良好的基本功的重要体现。但是整体而言，武术动作和节奏是具有相当难度的。通常，武术教师都会遇到学生提到的“三多”问题，即动作数量多、方向路线变化多和单一动作元素多。因此，直观教学非常重要，只有这样才能帮助学生顺利地掌握武术技能。

另外，我国传统武术的教学历来讲究“口传身授”，因此在直观教学方面拥有非常丰富的经验。教师在如何演示、如何指导学生方面有很多独到的理念和方法，再配合语言讲解，通过反复进行可以有效地帮助学生掌握动作。实际上，这就是现代直观教学法在武术教学中的实践体现。而且，传统武术流派繁杂，其中有很多又有相通之处，只凭语言讲述很难辨析，学生们可能根本无法理解。因此，直观法是武术教学的重要方式。

在现代教学中，由于引进了高科技的辅助设备，这为武术教学带来很大的便利。例如，高倍速慢动作视频等技术运用在武术教学中，学生可以非常清楚地看到动作解析、要点和精妙之处。随着教学信息接受渠道的增多，学生对武术会有更全面的认识，对提高武术教学的效率也更为有利。

3. 突出风格特点

在武术教学中还应该强调武术的鲜明风格和独特魅力，这会激发学生学习武术的好奇心和积极性。与其他运动项目不同的是，武术不仅追求身体的外在表现，它的内在还蕴含着丰富的文化。这些文化内涵并非苍白的理论，而是融合在武术动作和套路的细节中，教师通过直观的示范和演示，让学生一边了解动作要领，一边体会其中的文化内涵，可以全方位地感受武术的魅力所在。这时候，在教学中要注意强调武术的风格和特点，从其独特的地方出发，让学生时刻保持一定的兴趣度和关注力，那么教学活动将达到事半功倍的效果。

武术的各种流派非常丰富，不同的项目具有不同的特点，其动作风格也大相径庭。例如，长拳的舒展大方，太极拳的缓慢柔和，南拳的拳势刚劲等。教师要注重教学精细环节，针对能够体现特点和风格的技术动作进行高水平示范和深入讲解，使学生充分掌握技术结构和动作过程，全面掌握套路风格。

4. 注重内外兼修

武术教学中还有一个非常重要的原则是注重内外兼修。传统武术不仅有着复杂精深的外在功法，同时也蕴含着丰富的内在“心法”，只有内外兼修，让“内”在的心、神、意等心智活动和气息的运行，与“外”在的手、眼、身、步等身体外在形态相和谐，才能达到较为完美的境界。因此，学校武术教学要把握好整体进度追求内与外，形与神的结合。教学的最终目的，是在全面提高人体机能的同时，培养学生的性情、陶冶学生的情操。我们的武术教学追求的是让学生得到身心的全面提高，让武术文化得到真正的传承。

5. 安全教育不可少

作为一项对抗性较强的技击项目，武术运动带有一定的风险性，比如练习者会出现较高概率的运动性伤病。当然，只要做好安全防护以及完全教育，这些风险也是可以控制在较低的范围之内的。但是对于学校的武术教学而言，保证学生的身心健康永远是第一位的，在安全的基础之上展开教学非常重要，因此安全教育必不可少，要贯穿于整个教学活动中。

为了使教学能够顺利地进行，在教学之初就要将安全管理事宜做周全，并且把安全教育作为武术教学的内容之一，充分加强学生的安全意识。然而，无论预防措施多么完善，安全教育多么透彻，也不能完全避免事故的发生。因此即使做足了安全措施和安全教育的工作之后，在教学中还应该安排一些常见的运动性伤病的产生原因、预防和快速处理的技巧，以备在出现运动风险时知道如何处理。

（二）传统武术的教学方法

1. 教学方法

（1）语言法

语言法是教育的重要手段，在武术教学中也发挥着不可替代的作用。运用各种形式的语言指导学生学习掌握知识和技能，指导学生的训练和练习，即为语言法。正确使用语言法对顺利地完成传统武术教学任务有重要的意义。语言法具有很多明显的优势。比如语言法可以传递大量的信息，提供教学的丰富内容。正确地运用语言法能够对学生的思维进行有效的启发，给学生清晰的思路和逻辑线索，使学生形成正确的认知，对武术学习形成较为系统的理念。另外，语言也是人们最熟悉、最本能的沟通方式，运用语言法教学可以降低学生对新知识、新技能的接受难度，以他们最习惯的方式获得武术知识可以降低学习武术的门槛。在传统武术教学中，语言法的运用有很多具体的形式，主要包括讲解、口令和指示、口头评定成绩、口头汇报以及默认与自我暗示等。

以讲解法为例来具体说明。在传统武术教学过程中运用讲解法通常需要注意以下几点：

①讲解目的要明确。

②讲解内容要正确、准确。

③讲解要做到精简扼要，有自己的风格。

④讲解时机要抓准，及时地纠正错误，可以避免不必要的运动损伤。

（2）直观法

通过一定的直观方式，作用于人体感觉器官，引起感知的一种教学方法，就是所谓的直观法。在传统武术教学过程中，直观法的具体运用形式主要包括动作示范、教具与模型演示。而现代的武术教学中，引入了新的手段和技术，比如利用电影、电视、幻灯、投影、录像、直播等方式，将直观法又做了新的扩展，提升了教学效果的同时，也增强了学生的学习兴趣，使武术教学不仅不枯燥而且还充满了娱乐性。

①动作示范

教师或教师指定学生以具体动作为范例，使学生了解动作形象、结构、要领的方法，就是动作示范。动作示范的特点是简便灵活、具体明确、针对性高。因此动作示范是传统武术教学活动中最为重要的教学手段，也取得了较为理想的教学效果。

②直观教具与模型演示

所谓的直观教具与模型演示，就是在传统武术教学中使用图表、照片、模型及其他教具以直观的方式进行教学。这种方法的优点是能够帮助学生对武术动作产生形象的认识，对技术结构和细节有一个准确的感官认知，从而为自己的实践做好准备。另外，教具与模型的演示可吸引学生注意力，刺激学生的学习意愿，同时还能调节课堂气氛。

③多媒体演示

最常用的多媒体技术包括电影、幻灯、投影、电视、录像等。

(3)预防与纠正错误法

在教学活动中教师为了防止学生受伤或者纠正学生练习中出现的动作错误所采用的方法，就是预防与纠正错误法。在学习和练习武术动作的时候，学生难免会出现一些错误，对此教师应保持敏锐的观察并及时地加以预防和纠正。预防具有超前性的特点，它可以防患于未然，有效降低武术教学中的风险。具体地说，教师应该在教授动作之初就告知学生练习该动作需要特别注意的地方，并将错误的原因以及即将导致的危险清楚地讲解，让学生在练习动作之前就能有意识地自我防范。而纠正则具有鲜明的针对性特点，对于学生已经出现的错误动作教师应该及时发现并指出，并对错误动作的根源进行正确分析，帮助学生理解错误出现的原因以避免今后再次发生同样的错误。具体来说，预防与纠正错误动作法的具体运用形式主要有强化概念法、转移法、降低难度法以及自我暗示法。

①强化概念法

所谓的强化概念法，就是强化正确的武术动作概念，促进正确动作表象形成的方法。具体来说就是通过加强讲解、示范，结合学生现有的知识通过关联和对比的方式帮助学生理解的讲解示范，使学生对正确动作和错误动作有清晰的对比，从而能够自觉地避免与纠正错误动作。

②转移法

转移法主要适用于学生因为恐惧、焦虑或者受到旧动作的影响而形成错误动作的情况。通过转移法可以有效地解决这一问题，比如通过变换练习内容而摆脱旧动作的干扰，或者采用一些诱导性、辅助性的练习将学生从恐惧和焦虑中解脱出来，从而正常地进行训练。

③降低难度法

降低难度法主要适用于学生在完成具有一定的难度的动作时由于体力、心理压力、紧张等因素造成错误动作。通过降低动作难度促进学生的动作完成度。通过相对比较简单、容易的动作练习熟悉全套动作的要点，为下一步的学习做好准备。

④自我暗示法

自我暗示是指学生通过自我暗示和意念辅助自己完成某些动作，或者达到某些要求。通过激发学生的决心和心理效能而实现完成动作的目的。

2. 武术的练习方法

在武术教学中练习占有大部分的比重，学生只有通过大量练习才能熟练掌握武术动作和套路，因此练习方法非常重要。提高练习效率的关键是使用正确的练习方式。以下着重讲解传统武术教学中最常运用的三种练习方法，它们分别是模仿练习、重复练习和冥想练习。

(1)模仿练习

模仿练习顾名思义就是通过学生的模仿行为学习教师的直观示范动作的一种练习方式。

模仿练习重点用于武术的初学阶段。学生通过模仿教师或者多媒体上的范本动作，熟悉动作顺序、套路要点、技术特点等。有经验的教师会总结出动作的关键要点、口诀等帮助学生记忆，使模仿更有效率。模仿练习对于武术学习而言非常重要，最初的学习几乎都是模仿。只有正确地掌握模仿技巧才能保障学习少走弯路、提高效率。模仿练习就相当于建地基、打基础，将直接影响着今后的学习效果。

(2)重复练习

通过模仿练习学生初步掌握了动作要点和套路之后，就可以重复练习了。重复练习有利于快速将表象动作过渡到自动化动作，即形成正确的动力定型。在做重复练习时教师应根据学生的掌握情况安排重复的时间、次数和频率，尽量找到一个良好的平衡点，提高学习效率的同时也不伤害学生的学习积极性。

(3)冥想练习

冥想练习是指在大脑中重复已经习得的各项动作,目的是对已经掌握的动作进行强化训练。冥想练习的方式较为特殊,它与传统的身体练习有着本质的区别,它是一种纯意识层面的练习,通过冥想练习达到对动作熟练掌握的目的。冥想练习的另外一个好处是可以提高学生专注力。冥想练习一般安排在学习新动作之后或复习之前,时间一般不宜太长,每次约 1～3 分钟。

3. 武术的练习形式

(1)集体练习

传统的武术教学通常采用集体练习的方式,从教学的角度看,集体练习效率最高,在集体练习中学生还可以通过观察和交流的方式提高自己的学习效果,及时发现自己的问题,从而整体上提高学习效率。这种方式便于统一动作要求,能够及时发现学生的共性错误和在学习中的难点,然后进行针对性的讲解。不过,这种练习方式的缺点是比较“粗放”,即当一名教师面对众多的学生时,无暇顾及个别的情况,只能抓重点和要领,无法对全部学生进行针对性指导。

(2)小组练习

小组练习通常是在集中练习之后进行,即当全体学生初步掌握了武术技术之后,再以小组的形式进行练习,每组选择一名相对掌握较好的学生作为领队,帮助协调组内学生的学习情况,这样就可以在一定程度上提高练习效率。在分组前,教师要明确练习要求和注意事项,教师轮流指导,督促各组完成练习任务。

(3)单人练习

单人练习是指学生单独完成动作练习的形式。单人练习能消除学生对老师和同伴的依赖,使动作和思维结合,有利于学生独立进行动作记忆,掌握和巩固武术技法。单人练习时要注意,当学生做练习的时候教师尽量不去叫停,而是选择在学生完成动作之后,或者是练习的间歇进行辅导,指出问题并给出正确的示范,即尽量不破坏学生练习的主体性和完整性、不打断学生的思路等。因为学生在练习时是集合了思维、意念、呼吸、动作等一整套的系统活动过程,如果在过程中多次被教师打断则不利于学生建立自身的学习系统,反而影响了学习效率。

(4)双人练习

双人练习是两人配对进行假设性攻防对练的形式。这种练习形式通常用于对练组合、套路或练习攻防技术时采用。这种练习形式最能体现武术的技击性和对抗性，有利于学生理解武术动作的攻防策略，消除对攻防对抗的惧怕心理。在进行双人练习时，教师要强调练习的安全性，要求点到为止，以防止伤害事故的发生。

二、传统武术的教学步骤与实施

(一)传统武术的教学步骤

1. 课堂教学步骤

(1)讲解

讲解属于武术教学方法中的语言法之一。讲解法与动作示范法常常结合进行，才能达到较好的效果。讲解的时候注意语言要准确、形象、生动，重点内容要反复强调。

(2)示范

示范在武术教学中的应用非常广泛。示范能够给学生最为直观的动作展示，帮助学生根据示范建立初步表象，然后再尝试模仿。传统武术教学中，示范的内容主要为武术技术动作的分解示范、完整示范、突出重点动作示范，正误对比示范和典型示范等。

(3)领做

领做也是武术教学中的一个重要的环节，特别是在武术套路动作的教学中几乎都会用到。教师在领做时，领做的站位与学生的站位要非常讲究，一定要保证所有学生都能够清晰地看到教师的领做动作。一般来讲，领做分为背面领做以及镜面(同向)领做。

2. 套路教学步骤

武术套路是将多项单一动作根据一定的规律、要求以及实战技击需要进行合理编排的套路性动作。套路教学是在掌握单一动作之后，对每一个动作及其衔接动作的方向路线、架势结构、劲力特点和心志意向等要素进行综合教授的过程。武术套路的教学也是武术教学中的难点，需要花费的时间最久，同时也是学生最有兴趣的部分。简单而言，套路教学又可细分为基本功教学、基本动作教学、组合动作教学、套路教学和技术创新实践几个部分。

（1）基本功的教学

基本功始终是武术运动中的基础，并且获得良好的基本功往往需要相当长时间的训练和积累才能达到要求。无论是在套路教学过程中还是单一动作的教学中，只有掌握了武术的基本功才具有掌握基本动作的基础和能力。因此，教学过程中教师要加强对学生基本功的训练。

（2）基本动作的教学

在武术教学中套路动作的难度是主要难点之一，其可以通过拆解来降低，因为武术套路最终是由多种不同的单一动作组合而成，只要将单一动作熟练掌握，那么对套路的学习也就变得水到渠成、迎刃而解。单一动作是构成套路动作的基本元素，是完成套路的重要环节，因此基本动作的教学是武术教学初期的重点内容。同时，教师可以联系武术的门派、风格等要素进行教学，加深学生对武术的认识和了解。

（3）组合动作的教学

多种单一的动作组合构成套路，每一套套路由不同种类的动作组组成。简单来说，多种单一动作组成了动作组，而多种动作组合又组成了各种套路。一般在教学中，教师首先要求学生掌握必要的基本动作，然后将这些基本动作升级为动作组合，进行组合动作的学习，为套路学习做准备。动作的组合的方式可以大致按照身体主要的运动部位或者运动形式分为手法、腿法、步型、腰法、跳跃等。

（4）套路的教学

在经过扎实的基本功打底、对基本动作的熟练掌握以及也能够流畅地完成一些组合动作之后，就可以进行套路的学习了。套路学习是武术教学中花费较多课时的部分，它需要教师帮助学生由简单到复杂地完成一些重要的传统套路，同时还需要对各种拳种、门派的技术特点和风格特征有基本的辨别能力，学生可以根据自己的兴趣重点选择某个门派的拳法套路进行特别练习。在进行套路学习时要注意强调动作之间的协调性和节奏感，当具备了一定的基础之后，教师还要引导学生追求达到身心合一、内外交融的境界。

(5)技术的创新实践

在完成以上的所有步骤之后，对于有条件的学生，比如那些能够对武术理论、技术都有了较为完整的认识之后，教师可以鼓励学生对基本动作、组合和套路进行一定的拆分、组合和创造实践，当然这需要学生的基本功和基本动作以及套路都掌握得十分娴熟、每一个环节都达到较高水平之后才能进行，否则会产生揠苗助长的后果，既无法实现创新，又破坏了基本功等的基础能力。

3. 攻防技术的教学步骤

武术一般分为套路武术和实战武术。套路武术主要指传统武术，它更多以健身运动、表演为主。而实战武术更多用于真实的防身、格斗等，比如特警、武警、保安、保镖等都需要经过一定的实战武术的训练。与套路武术最大的区别就是实战武术没有固定的套路和顺序，它更多的是根据实际情况选择最有力的招式对攻防做出反应，随机应变是实战武术的最大特点。实战武术要求能充分发挥人体各个部位的技击功能，在防卫和进攻中取得优势局面，它突出表现了武术的技击性和对抗性。在教学中，实战武术讲求灵活机变，以达到较好的实战效果为目标。

(1)基本动作的教学

实战类武术的攻防可分为步法、手法、腿法、摔法、拿法等几类基本动作。实战类武术的基本动作非常丰富，与套路武术一样，实战武术也是从基本动作开始学起，通过基本工作进而发展为单一动作、复合动作和组合动作。实战类武术的最终目的是在攻防中取胜，它要求基本动作一定要足够扎实，如果基本功是虚浮的，那么很难想象它的组合动作会具有杀伤力，能够在实战中制服对手。掌握基本动作是学习攻防技术的基础，基本动作的学习重点是动作的运行路线、发力方法以及动作力点。

(2)基本素质的教学

实战类武术在实践中的主要目的，是在防御的同时随时寻找进攻机会，选择对方最薄弱的环节给予最猛烈的打击，使之尽快失去战斗能力从而获得优势。在竞技比赛中是以取得点数为获胜依据。实战类武术对技巧要求较高，技巧是直接影响攻防胜负的关键。除此之外，一个彪悍魁梧的体魄也同样具有强大的威慑力。因此在实战类武术的教学中，教师除了加强对学生技巧的训练之外，对学生身体素质的训练也必不可少。需要同时具备力量、耐力和强壮的体魄。

(3)攻防技术组合教学

攻防技术的应用往往不是单一的,而是以组合的形式被采用。因此,攻防技术组合的训练是实战武术教学的重要环节。简单来说,攻防技术组合一般分为上肢动作组合、下肢动作组合、上下肢动作组合、打摔动作组合、踢拿动作组合等。在教学中,教师可根据学生的身体条件、兴趣偏好和学习能力选择适当的组合技术进行教学。

(4)攻防战术教学

掌握了基本的攻防技术之后,也要学习一定的战术。技术是战术的组成部分,在实战技击武术中,攻防战术包括主动强攻、防守反击、引进落空、后发先至等战术。善于使用战术是在实战中获胜的关键因素。教师对攻防战术的教学应结合一定的场景,要求学生在限定的条件下,选择最有利于自身的战术,以期战胜对手获得控制权。

(5)模拟实战教学

学习攻防技术的目的在于实战,在实战之前需要大量的模拟练习。因此,教师在教学中要适当地加入一些实战内容,帮助学生尽快适应实战的需要。例如,在学生练习基本动作和动作组合的时候,教师就要求学生有意识地按照步法移动练习、活动靶练习、指定进攻等方式做练习。让学生始终明确动作或者步法的练习都是以实战为最终目的,因此动作的练习需要与力量、准确性、反应能力等协调一致,以达到最佳的应变能力,实现在攻防中获胜的主要目标。

(6)实战练习

实战练习是攻防技术教学的终极练习,它几乎与实战无异,否则也就失去了练习的意义。它是对学生非常严厉的考验,因为具有相当的攻击性和一定的风险,因此只在少数专门的教育领域应用,大多数的普通教育领域涉及较少,即便涉及也是以游戏的性质出现较多。

(二)传统武术的教学实施

1. 教学前的准备工作

教学前的准备工作包括对学校武术教学目标的明确、教学方法的选择、教学材料的处理以及教学方案的编写等。它要求武术教师熟练掌握以上各种能力和素材的基础上，将教学目的具体化、方案化，而且通过其丰富的教学经验对未来的教学情境有一定的预判，对学生的反馈有一定的预期，以及对教学效果有一定的设定。在这样的前提下，对未来的武术教学做好充分的物质准备与心理准备。

2. 教学活动的具体实施

传统武术教学活动是根据教学目标而展开多种多样的实际交流活动。具体包括以下几方面。

(1)展望学习规划和目标

武术教师需要向学生明确未来一段时间内的学习安排和主要内容的概况。让学生获得对武术学习的初步概念，通过一些演示让学生建立对武术的表象认知，让学生对即将要学的知识有一个整体的认知，从而有利于做好心理和生理的准备。

(2)协助完成学习任务

在武术教学过程中，教师既要引导学生树立清晰的学习目标，还要在整个学习过程中给予相应的支持与协助，让学生顺利完成学习任务。这些协助主要包括对武术知识和武术技能的详细讲解，也包括对学习兴趣和学习信心的培养与支持。在教学过程中，教师要设法让学生始终保持对武术的好奇心和学习热情，这是一个持续进行的过程，需要教师对教学活动和教学内容的安排科学合理，既具有一定的丰富性、灵活性，保证学生的学习不枯燥，又要保证教学效果符合学校的教学标准与要求。

(3)加强巩固知识和技能

学习巩固这一环节对学生加强已学内容和学习新的知识内容都非常重要。武术教学是在循序渐进中进行的，新旧知识和技能具有着密切的联系。在学习新知识的同时，也要对已学知识和技能进行巩固，特别是基本功方面要贯彻在整个的武术学习过程中，教师要培养学生正确的学习方法，养成良好的学习习惯。可以定期地让学生对知识进行复述、对技能进行操练，或者以小组竞赛的方式促进学生自觉地进行复习和保持练习。

(4)进行灵活运用

作为一项技击运动,武术的生命在于运动。因此,学生在学习武术的过程中,要将它转化为自己的新知识、新技能,并与自己的生活和学习发生关联,这样才能让武术学习发挥出最大的作用。比如在武术课堂上,教师要有意识地引导学生将武术的内外功法与实际生活中的锻炼、健康等事物进行连接,帮助学生将知识运用到自己的真实生活中。比如,在需要排解学习压力时学生会自觉地采用一些拳法纾解情绪,或者通过打坐以及结合呼吸的练习,恢复平静的心情并培养专注力,等等。

3. 教学效果的评价

在传统武术教学中,教学效果的评价与反思不管对于教师,还是学生而言,都具有非常重要的意义。所谓的教学评价就是教师与学生对所学习的武术知识和技能的掌握情况进行复盘、重新核准教学目标等等。进行教学效果评价不仅对实现理想的武术教学效果意义重大,同时,还有助于提高教师的教学能力和学生的学习能力。在传统武术教学中,教学评价是一个相对独立的环节,同时又贯穿于整个教学过程中。

第三节　学校武术的课程设置与建设

一、传统武术课程设置的社会学基础

教育作为一种社会现象具有一定的社会基础与社会职能,因此,传统武术的课程设置也具有一定的社会学基础,即课程与社会系统之间存在着某种程度的联系。课程的产生与发展离不开社会这个大背景,社会的发展会在某种程度上决定着课程的发展,课程的设置也会以某种形式对社会的发展起到一定的影响作用。

(一)社会学在课程设置中的作用

1. 课程设置的社会学基础

现代教育的目标、形式和内容都与现代社会的发展密切相关。在学校课程中,有很多是关于现代社会的政治、经济、文化、社会发展等社会学的内容的体现。可以说社会学对课程具有非常重要的影响,课程的发生需要以社会学为基础,课程的发展同样离不开社会学的支持,在课程设置的过程中,只有充分意识到这一点才能正确地建立课程设置,才能促进课程的发展。

(1)社会学是课程产生的基础

课程是学校教学的主要依据和手段,直接决定着教学质量。然而课程的发生是建立在社会学的基础之上的,可以说课程是社会发展到一定阶段的产物,也是体现社会文明发展的重要标志。首先,社会的存在是课程产生的基础与背景,教育或者课程是无法脱离社会而独立存在的。社会生产力的发展、社会分工的演变以及社会结构的变迁无时无刻不在进行之中,而这一切都会潜移默化地促进和影响着课程的产生和发展。

(2)社会学是课程发展的基础

课程的发展也同样是在社会学的背景下进行的,它是随着社会的发展而相应地进行着的。也就是说,整个人类社会是课程发展的根源与动力,社会结构的完善、社会经济的发展、社会生活方式的改善等都是影响课程发展的重要社会因素。不同时期的课程对应着相对时期的整个社会的发展情况。因此课程设置的过程是一个动态的过程,是随着社会的发展变迁而不断地调整和发展的过程。

2. 课程的要素与运行都与社会学相关

课程的类型、课程的内容、课程的实施、课程的评价等都是课程系统的重要组成要素,这些要素具有社会学的印记。同时,课程作为一个相对独立的系统也是社会学系统中的一部分,具体分析如下。

(1)课程的类型受到社会的潜在控制,服务于社会需要。

(2)社会权利的分配情况决定着对公共教育的知识的选择、分配、传递及评价等过程。

(3)在课程实施过程中,知识的传授是以有利于社会结构的维系为目标的。

(4)课程评价对于维系社会现状、促进价值体系的强化具有一定的影响作用。

(二)传统武术课程设置中的社会学运用

作为社会文化的重要组成部分,体育课程受到社会政治、经济、文化等因素的影响。反过来体育课程也影响着社会的发展,促进社会体育文化的发展、保护以及传递。以社会发展为基础,学校通过体育课程的设置来实现学生的社会化,包括对学生的道德品质的塑造、对身体素质的培养、对社会交往能力和适应能力的锻炼,等等,这些都是体育课程设置要重点考虑的因素。体育课程还发挥着对学生进行筛选的功能。总之,学校体育课程的设置需要符合社会的结构与功能,需要以满足社会发展的需要为前提。冲突理论中有一个非常重要的观点,即道德标准、思想观念、价值体系都是服务于权力集团的,学校进行体育课程的设置是为了对特殊文化进行传递,武术文化就是其中的一种。

武术运动的特性决定了它既能够促进学生朝着身体健康、心志豁达的方向发展,同时武术还可以起到规范学生的行为举止的作用,能够促进学生自觉养成良好的社会公德、遵守法律法规。在武术运动中,学生通过武术运动的各种变化产生丰富的感受与体验,这对促进学生的全面成长起到积极作用。因此,传统武术作为体育项目中一个特殊的运动项目,与其他竞技项目形成较好的补充,对学生的社会化发展起到重要的影响作用。

二、传统武术课程设置的心理学基础

(一)心理学在课程设置中的作用

1. 心理学为教学活动提供心理依据

课程的实施对象是学生,因此在设置的过程中一定要与学生的心理水平相适应,只有这样才能体现课程的价值。

(1)课程设置要符合学生的心理规律

学校的体育课程设置要根据学生的不同年龄阶段、心理发展水平、接受能力等因素而制定。比如对学生的思维规律、记忆规律等要有充分的认识和研究,在此基础之上进行合理的体育课程设置才是科学的、严谨的、具有现实意义的。

(2)课程规划要涵盖学生的个性特征

学生群体既有整体特征,也有个性特征,在进行课程规划时要将相应的年龄段的学生发展个性特征考虑进去。比如儿童少年时期的学生表现为缺乏足够的自制力和自我约束能力,那么在课程设置的时候就要针对学生的这一特征做好安全防范,在内容的设计和选择方面也要保证安全可控。如果是针对青春期阶段的学生进行体育课程设置,则要针对青春期的学生心理以及生理特征规划课程的形式与内容。总之,课程规划既要满足各个年龄段的学生对于武术运动的学习需要,又要充分发展他们的个性,这一切都是建立在心理学的基础之上的。

2. 课程要素与运作都与心理学相关

(1)心理学是课程目标的基础

不管是研究教育目标,还是研究课程目标,都要以心理学为基础。教育学家和心理学家一般都会在心理学的基础上研究课程教育和人的心理。课程的实施是以学生的接受能力为基础的,因此在设置之初就要研究和理解学生的身体发育、心理发育特征,身体发育基本上可以直观地进行判断和了解,而学生的心理水平则相对复杂。通过合理的课程设置,一方面要最大限度地符合学生的心理能力,另一方面,也通过课程的形式与内容对学生心理发展目标进行影响。

(2)心理学是课程内容的基础

在课程内容的设置中,也需要心理学的支持。比如如何选择最符合学生接受能力的学习内容、如何组织这些内容,以及选择怎样的方法和形式最能清楚地表达这些内容等等,以上都需要心理学理论或知识作为依据,需要在心理学层面进行组织。

3. 心理学提供了多种流派的重要理论

心理学众多的流派学说为课程的设置提供了有力的理论依据。课程研究离不开多方面思想和理论的指导，心理学方面的思想与理论能够科学指导课程。在现代课程研究中，人本主义心理学、认知主义心理学以及行为主义心理学都是重要的理论基础，正是在这些理论基础上，相应的课程理论才得以形成。

（二）传统武术课程设置中的心理学运用

1. 课程设置要符合学生的心理规律

在教育范畴内任何课程的设置都必须考虑到学生的心理规律。武术课程的设置中也不例外，它包括课程目标的确立、课程内容的选择、对课程的实施与评价等，都要以学生的心理发展规律为重要的依据。因为学生是教学的主体，是教学活动的主要作用对象，在设置课程内容时，要充分考虑到课程的难度是否符合学生的心理需求，动作特点是否符合学生的个性发展以及兴趣爱好等。除此之外，还要考虑学生的认知水平和专注能力等。在不同的年龄阶段，学生的个性需求、心理需求以及保持专注的能力、对困难的心理承受能力都各有不同，他们会随着认知水平的提高而不断提高，因此在武术课程设置中，要以发展的眼光、以动态的角度对课程内容、方法、手段进行选择，最终实现教学目标。

2. 武术课程促进非智力因素的发展

学校的武术课程肩负着促进学生身心健康发展的重要使命，这也是学校武术教育的基本目标。为此，有必要在充分了解学生的身心发展规律及心理发展水平的基础之上，对武术课程进行合理的安排。在心理学系统中，常常被教育界引用的是人本主义的相关理论，人本主义心理学主要强调必须通过学习实现教学目标，它的理论提出体育课程的主要任务就是引导学生在体育运动中可以自由地发展，并得到这种积极的良性经验。人本主义也重视整合学生的思维、情感和行为的必要性，只有完整地、充分地挖掘学生潜在的力量，才能真正实现学生的全面发展，最终实现自我价值。在设置体育课程的时候，特别是武术课程具有多元文化内涵和体育价值，应该按照心理学的相关理论进行科学的设置与实施。

三、传统武术课程设置的系统论基础

(一)系统科学在课程设置中的作用

1. 整体性

整体性指研究主体始终将研究对象看作一个统一的整体,认为社会上绝大部分的事物都是由要素、连接、功能或目的组成的整体,而非彼此孤立的、无序的简单堆积。这是系统论的主要观点,系统论认为整体大于各要素之和,并且孤立的各个要素不能实现系统的功能和特征。

2. 动态性和开放性

系统具有开放性、动态性的特点,因此不存在固定不变、孤立的系统,系统始终都在与外部环境发生联系与作用,并在这一过程中不断对自身的要素和结构进行调整。用系统科学的方法研究问题的最终目标是实现最优化。

3. 有序性

系统内部的各要素之间是相互联系的,系统的组织结构具有层次性和等级性特征,这些都是系统有序性的表现。系统的层次性、等级性特征鲜明,系统的功能主要由其构成要素的组织结构方式决定。

4. 最优化

系统的目的是实现最优化。系统的要素、连接与系统的功能之间具有密切的联系,只有采用最佳的方式来构建和配置系统各要素,才能促进系统整体效应的提高,才能实现系统整体功能的最优化。

(二)传统武术课程体系的层级结构

整体性是系统理论的本质特性,而有序性是系统整体性特征形成的基础。因此，对传统武术课程体系进行设置的时候，要考虑武术课程体系的整体性以及各个组成要素之间的连接方式是怎样的，它们又是以什么样的结构形式组合在一起的。

1. 武术课程体系的子系统及分系统

从系统论的角度看，系统是物质的普遍存在形式和社会的一般发展形式。根据不同的分类标准或规模又可以把系统分为四类，即超系统、大系统、中系统和小系统；如果以要素的性质为依据，又可以将系统分为天然系统与人工系统、自然系统与社会系统、物质系统与精神系统等。对系统的性质与要素的构成形式进行研究是研究系统整体性特征的前提与基础。

就武术课程体系的性质和特点而言，按照系统论的观点可以简单分为“子系统”和“分系统”两个方面对武术课程体系的层级结构进行划分。

(1)子系统

子系统是系统等级性特征的主要反映形式，也就是说，系统的每一等级中都包含着许多子系统，而且这些子系统之间是相对独立的。这些子系统相互联系就构成了具有整体性的系统。各个子系统按照从上到下或从下到上的系统等级相互连接、相互作用。那么学校的武术教学体系可以理解是由大学、初中、高中、小学四个子系统组成，它们之间相对独立，也互相影响。每个子系统分别又是由多个基本要素构成，这些构成要素包括教育者、受教育者、教育内容及教育载体等。

(2)分系统

在某些方面各级子系统具有实体联系或意义关系，这些子系统以一定的秩序组织起来又构成整体系统的分系统。例如，武术课程包含的目标体系、内容体系、实施体系、评价体系等，既是大、中、小学各个武术课程体系的主要构成要素，同时各自是独立的一个个分系统，彼此之间又相互影响，具有某种意义的关联。

2. 武术课程体系的构成

在构建传统武术课程体系时，需要在社会学、心理学以及系统科学等相关学科的基础上，将相关理论融合起来进行参考。从传统武术课程体系的纵向来看，小学、初中、高中、大学四个子系统纵向衔接。从横向看，课程目标、课程内容、课程实施及课程评价横向贯通。总之，在学校武术课程的设置过程中要以系统科学的思想方法进行分析，并在此基础上对在时间上具有全程性、空间上具有全面性，可以产生最优功能的武术课程体系进行创建。

四、传统武术课程的建设

（一）确定选课制度

尽管“以学生为本”的教学理念在当今体育教学中得到了充分的贯彻，但是在武术教学中，尤其是在教学内容、教学组织、教学模式、教学进度等一系列的问题上，仍然是以教师为主，学生学习的自主性较差。体现在学生的选课问题上，不难发现，被动选课已经严重制约和影响了我国高校武术教学的发展，对此应重新考虑武术选课制度的修订，并进一步丰富高校武术选课内容。

具体来说，在课程设置的时候要尽量丰富课程的形式与内容，尽量涵盖武术的多种形式、主要流派、历史文化等，同时也要结合学生的身心特点、客观条件以及当下的社会趋势，将多种因素进行整体的衡量和把握之后尽量建立形式多样的武术课堂，给学生充分的选择余地，这是学校实施武术选课制度的重要前提。选课制度可以促进学生的自主性，学生根据兴趣喜好和自身的身体素质条件出发，灵活地、自主地选择喜欢的武术课程和武术项目进行学习，从而充分激发了学生的学习积极性和主动性，通过对武术的主动式学习能够有效提升学习效果。

（二）设置课程教学目标

1. 分析教学对象

学生作为教学活动的主要对象是课程设置中要重点考虑的要素。因此，在设置教学目标时需要分析学生的各项特点，尽量做到有较高的针对性和适配性。对学生的分析包含学生的年龄阶段、身体特征、性格特征、接受能力、基础素质水平等等，简单地可归纳为以下几点：

(1)学生的生理特点:要分析学生的整体身体发育水平,包括身高、体重、力量素质、耐力素质等。

(2)学生的心理特点:要了解学生的心理发展水平、性格特点、与哪些武术风格有更高的接纳度和学习兴趣等。

(3)学生的学习风格和目的:学生对武术的兴趣点是哪些,他们对武术的学习预期是偏向娱乐健身式学习还是愿意花功夫加强基本功,是想学习一定的防身自卫的本领,还是仅仅开阔视野增加一个新的学习项目,以及是否对武术哲学、武术文化有较高的兴趣和掌握程度。

(4)学生的基础条件:除了身体条件以外,还要分析学生是否有时间、有精力、有合适的场所能够长期进行武术练习;学生是否具有学习武术的基础,是否有武术学练的经验等。

2. 分析教学内容

武术的教学内容是教学活动的实施手段,也是实现教学目标的信息载体。根据不同的教学目标和不同的教学阶段,教学内容会有所不同,并且具有一定的连续性和相对独立性。武术课程是以选课制为主要形式,但是每个课程单元既有相对独立的内容,也和其他课程有所呼应。也就是说,无论学生选择哪个武术课程,都有其特定的教学目标和教学内容,之后再选择其他课程时也有一定的连续性。总之,各个课程的内容之间不是割裂的,而是整体上是一个完整的系统,每个系统之间也相互关联。

3. 确定教学目标

武术的教学目标需要达到具体、明确的要求,简单地可归纳为以下几点。

(1)武术课程要在目标明确的基础上进行设置。既包含整体目标也包括具体目标。每个阶段的武术教学都有其各自的任务,要帮助学生掌握具体的知识与技能。教学目标一般都是通过课时目标、学期目标、学年目标等来实现。

(2)教学目标要具体、精简,并且在每个阶段教师都要及时地向学生明确接下来的教学目标,使学生对学习活动具有一定的掌控感,可以进行相应的学习规划,这有利于培养学生的学习自主性和学习能力。

(3)在具体的教学实践中,教学目标也应该具备一定的灵活性,即教学目标是服务于学生主体的,当目标过于超前,或学生的整体素质偏高,在已经完成现有教学目标的前提下有能力开展更高程度的学习的时候,可以对教学目标做细微的调整,使“教”与“学”更有针对性、更符合教学的实际情况。

(三)合理的教学组织

教学组织是教学实施的关键,是指学校师生按照一定的教学目标、教学内容的要求,在特定的主客观条件下,以某种与之相适宜的方式进行教学活动的组织。武术教学的组织形式与其他学科相比具有更为灵活多样的组织方式,也具有更大的可变性,这些都是武术教学的有利条件。具体体现为以下几个方面。

1. 水平教学组织的设计

(1)根据教学目标及教学内容的要求,确定课程水平教学目标,研究教学目标。

(2)首先确立某一武术项目的整体教学目标,即明确学生需要达到的水平。然后对其进行分解,并确定每个学期需要达到的水平,以此类推将对目标细化到每个教学单元中。

(3)从学校的武术教学实际条件出发,合理安排课时,要求每个课时都要有明确的教学目标和水平要求。

2. 单元教学组织的设计

(1)在整体的武术教学目标要求下,确定每个单元的教学目标。

(2)每个教学单元的目标、内容和组织形式要科学合理,将教学难度分散处理,避免有些单元的内容难度过大学生难以消化吸收,有些单元的内容又过于松散。尽量做到均衡易于操作,使教学组织具有一定的节奏感和张力。

(3)可以根据每年度的学生的具体特点,合理地调整、补充武术教学内容。

(4)教学组织的设计过程中,要有意识地加进调节课堂气氛、调动学生学习积极性和主动性的内容,尽量让教学更为丰富、充实,让每个学生都得到较好的发展。

3. 课时教学组织的设计

武术教学的课时设计要以注意与实际情况相结合，选择合适的武术教学流程、安排程序，对教学强度进行合理安排。在具体的武术教学过程中，教师可根据实际情况设置一些情景，可以适当地提高学生的学习兴趣和学习积极性，比如探索式学习、尝试性练习等。通过自己的亲身实践，学生会有更深刻的体验，会产生一些具体的问题，对于这些问题，教师应有针对性地进行纠正，以不断提高学生的知识、技能的掌握。

第四节　学校武术教育的可持续发展研究

一、学校武术教育可持续发展的必要性

（一）弘扬民族文化

传统武术是我国传统文化的优秀代表，因此，武术的传承和发展是中华民族文化传承的重要部分。以我国当前的发展形式而言，正处在一个大国崛起的关键时刻，一个国家的崛起必然与其民族文化的积淀息息相关，因此，弘扬民族文化不仅是文化发展的重要议题，也是国家发展战略的重要内容。在学校的教学活动中，对民族文化、民族传统的传承是非常重要的部分。作为传统文化的杰出代表，传统武术具有不可替代的身份，在学校的教学中发挥重要作用。因此，武术教学不仅是武术教育的议题，也是文化传承的议题，还是国家发展战略的组成部分，这是武术可持续发展的必要性的最重要体现。

（二）丰富教学内容

武术除了具有健身的价值之外，其丰富的文化内涵也是武术重要的

价值体现。当今社会发展迅猛，无论是成年人还是学生都背负着比以往任何时代都沉重的生活压力或学习压力。在应试教育体制下，我们的学生课业繁重，而武术教学可以发挥重要的缓解压力、增强身心健康的功能。除此之外，武术丰富的文化内涵也是学校教育取之不竭的文化宝藏。传统武术提倡的“自强不息，厚德载物”是在任何时代都不会过时的价值观。武术追求的“精气神”，是对人由内到外的修养，“精”是人之本，是人体所含有的精气。“气”是指在呼吸与吐纳之间，配合身体的运动能达到更好的效果。“神”是指人的精神与思想。武术中所蕴含的文化精神滋养着一代代的习武之人，如果能够充分挖掘，并结合当今社会的发展趋势将成为非常宝贵的教育资源，可以丰富学校的教学内容，提高学生的传统文化素养，培养学生养成坚毅顽强的性格品质。

二、学校武术教育可持续发展的对策

（一）树立可持续发展观念

武术教育的可持续发展不仅仅关系到传统武术的传承与发展，而且还将决定着武术文化在历史上是否可以延续下去。因此，我国的武术教育要着眼于整个武术事业的发展和传承。然而接下来摆在面前的一个问题是，如何协调传统武术与竞技武术的关系，它们的产生背景不同、发展情况不同、当下表现出的社会价值也各有不同。传统武术是古代中国冷兵器时期人们在生活实践中逐渐发展出来的一种防身自卫、技击杀戮和健身养生的生活手段。而竞技武术是在近代西方竞技体育文化传入中国之后，为了适应竞赛的要求而产生的一种武术形式，其主要价值在于竞赛观赏。两者同宗同门，并没有孰重孰轻的分别。因此，在学校的教学中应该无差别的对待，无论是传统武术还是竞技武术，都是中华武术不可或缺的一部分，都应该进行合理的教学安排。只有树立可持续的发展观念，才能真正实现对我国武术文化的传承与发展。

（二）加大师资培养的力度

对于教育而言其最核心的资源是教师。若要实现武术教育的可持续发展，教师资源是关键。就当前的情况看来，我国的武术教育中教师资源不容乐观，一方面现有的武术教师的水平参差不齐，另一方面还缺乏健全的培训武术教师的体系，这非常不利于武术教育活动的进行。因此，培养高素质和高水平的武术教师是目前最为迫切的任务，提高和壮大武术教师队伍不仅关乎我国武术教育事业的发展，也关乎武术文化的兴衰。但是，对于武术教育人才的培养并非一朝一夕的事情。因为武术不仅仅是一种传统的体育运动项目，它还蕴含丰富的文化内涵，无论是培养技击方面的专业人才，还是培育具有深厚武术文化功力的博学之士，都需要大量的时间投入和资金投入，而更重要的是国家政策的扶持、文化意识的引导以及社会环境和氛围的熏陶。总之，加大武术师资的培养力度是武术可持续发展的必要前提，应该尽快提上议程。

（三）转变传统的教育观念

传统的武术教学无论在内容上还是形式上，甚至是教学观念上都存在很多不足。传统的武术教育理念一直简单地把武术当作运动健身的某种形式，是提高学生身体素质的众多的健身项目之一，因此并没有真正地把武术的文化价值功能开发出来。因此，今后的武术教育务必要转变观念，重新梳理对武术的教育观念，把身体教育和思想教育结合起来，武术虽然是传统的体育项目，但是在不同的时代其价值也有着不同的彰显，可以根据时代的转变发掘和开发武术的价值功能。总之，武术教育可持续发展不仅要从武术教材和教师着手，还要改变传统的教育理念。只有在科学的教育理念的指导下，我国的武术教育才能健康有序地进行。

（四）加强武术文化的教育

武术有着丰厚的文化内涵，但是要把这些宝贵的文化内涵同武术运动形式一起传承下去是一件意义重大但又充满挑战的事情，可谓“任重而道远”。传统武术文化凝结着中华民族几千年的文明精华，是历代无数人的智慧结晶，武术文化包含哲学、美学、伦理学、中医学、养生学等，这些都是学校教育的宝贵资源，因此，应该加强对武术文化的重视，加大对武术文化的教育内容。传统文化是一个民族的宝贵财富，武术中蕴含了大量宝贵的中华民族传统文化，而失去文化内涵的武术必然将失去其原有的魅力。可见，加强武术文化内容的教育是对学校武术教育的必要要求。

第八章　传统武术现代化发展的实证研究

随着社会的不断发展和世界多元化格局的形成，新时期传统武术的发展显得格格不入，传统武术的传承空间不断缩减，而且在西方竞技体育的冲击下严重受创，面临很大的危机。传统武术要在历史的演进中实现可持续发展，固然要立足传统，但同时也要适应时代潮流，不断与时俱进，开辟新的发展渠道，寻找新的生存空间和发展领域，实现现代化发展，尤其是要促进一些代表性项目的现代化发展。本章重点对太极拳、散打、形意拳、苗拳等典型武术项目的现代化发展进行研究，在进一步推动这些项目现代化发展的同时也为其他项目的创新发展提供参考与借鉴。

第一节　太极拳的现代化发展研究

一、太极拳的大众化发展

在人类追求全面发展的新时期，健康成为人类全面发展和社会发展的重要基础条件。现阶段，我国高度重视人民健康，出台了《"健康中国2030"规划纲要》（以下简称《纲要》），要求以人为本，倡导文明健康的生活方式，培养人们的终身体育意识和体育锻炼习惯，预防疾病，为全面发展打好健康根基。《纲要》中还提出加强对全面健身运动的广泛开展，对民族传统体育运动予以扶持，如健身气功、太极拳等，赋予这些项目新的前进动力和历史使命。在推动人类全面健康方面，太极拳起到举足轻重的作用。太极拳运动对增强人的体质，促进人们身心健康乃至全面健康具有重要作用。为了满足人民群众的健康和发展需求，促进人们健康与全面发展，有必要在“健康中国”背景下探讨太极拳的大众化发展之路。

下面具体分析太极拳运动大众化发展的重要策略。

（一）构建太极拳公共服务体系

群众性体育事业是国家公共事业的重要组成部分，政府职责中包括对基本公共服务的提供这一项重要职责。有关调查结果显示，大众太极拳活动的开展缺少资金支持，这是太极拳场地设施缺乏的一个主要原因。虽然太极拳对运动场地没有很高的要求，但至少要满足一些必要的条件，如场地充足，这是大众主动参与太极拳运动的基本条件，人们只有长期自觉主动地参与太极拳运动，保持良好的运动习惯，才能逐渐改善体质，提高健康水平。因此，政府应重视大众太极拳活动开展中资金缺乏和场地设施不足的问题，提供必要的资金和物质资源，解决太极拳运动大众化发展的资金难题。为更好地达到这一目标，需结合时代发展的需求而加强对太极拳公共服务体系的建构，从而在推动太极拳稳步发展的同时加快“健康中国”建设步伐。

（二）加大对太极拳理论的传播力度

太极拳理论的形成与完善深受中华民族几千年发展历史的影响，在太极拳理论的传播与教育中，不仅要对传统文化进行传承，还要对传播对象的健康观进行培养，使其重视身心健康，形成科学健康的生活方式，而这是以传播对象深入学习与理解太极拳理论思想为基础的。太极拳专家、学者及其他专业人员在太极拳教育内容体系的构建中应力求做到科学、标准、统一、规范，将太极拳理论体系和技法体系有机结合起来，从而使人们在参与太极拳锻炼的过程中不仅掌握了动作技法和运动方式，还了解了太极拳理论知识，达到理论与实践统一的学习效果。

提高人民群众的体质健康水平、培育大众的终身体育意识与习惯是新时期健康中国战略赋予太极拳运动的重要任务和使命。因此在大众化的太极拳活动中，既要求人们学习太极拳理论知识，又要求人们通过亲身参与而在实践中掌握太极拳套路动作。

（三）深化太极拳教育

太极拳教育以学校教育为主，在学校体育教育中设置太极拳课程或将其作为体育教学的主要内容之一，对太极拳教学的理论内容和实践内容进行合理配比，选择恰当的教育方式，提高教育效果。此外，还可以在学科交叉视角下促进太极拳教育与其他学科教育的有机结合，使太极拳教育内容有更多的机会出现在学校课堂中，促进学生太极拳认知能力的提升和太极拳技法的熟练，使学生正确而深入地理解民族传统体育文化和中华民族传统文化。

需要注意的是，太极拳教育不仅包括狭义层面的学校教育，还包括其他单位开展的各项太极拳教育活动，如社区太极拳教育、企事业单位太极拳教育、相关组织机构的教育活动等，这些单位可以相互合作，协同开展太极拳教育活动，从而拓展太极拳教育渠道和空间，促进终身化太极拳教育体制的形成。如此一来，不管什么年龄段、什么社会阶层的人都有机会学习和参与太极拳。

（四）培养优秀太极拳师资队伍

在太极拳的大众化发展中，优秀的师资队伍发挥着非常重要的作用，这里的师资队伍不仅是指学校的武术教师，还指社会体育指导员。合格的太极拳师资力量在太极拳的普及与推广中所起的作用可能是决定性的，如果学生在学校学习太极拳没有专业教师的辅导，社会大众参与太极拳运动没有专门指导员的帮助，则都会影响学习效果，当人们经过一段时间的学习因得不到专业指导而没有取得明显成效时，便会失去参与的兴趣和积极性，甚至产生厌烦情绪，自我怀疑，最终影响自身健康。可见对专业而优秀的太极拳师资队伍进行培养非常有必要。太极拳师资队伍中有一支非常重要的力量，即太极拳师，人们能否在太极拳习练中受益，直接由辅导他们的太极拳师的个人专业素质和综合素质所决定。所以培养专门的太极拳师是师资建设中非常关键的一环。

我国太极拳教育的发展缺乏具有科学性、系统性和权威性的教育体系，在培养太极拳师资方面同样缺乏完备的培养体系和培养机制。当前，在评价太极拳师的专业能力时，主要从运动等级、段位证以及国际社会体育指导员证这三个具有较高含金量的标准出发而进行评价，这三个方面的标准也相当于太极拳师的“上岗证”，我们应对这三个评价标准加以完善，坚持“持证上岗”，对太极拳师的考核力度进行严格把控，从而提升培养效果和人才质量，使其能够更好地指导人们参与太极拳习练。

我们要特别强调太极拳师资队伍的专业水平，师资队伍越专业，就越能在指导学生或其他人练习太极拳时敏锐地发现指导对象存在的问题，及时捕捉错误信息，并能准确分析出现错误的原因，给予指正。可见太极拳师资队伍的专业性何其重要。因此我们要更加重视在师资培养中提升太极拳师资队伍的专业能力和职业素养，定期举行太极拳师资队伍的教学培训、教学交流会等活动，为太极拳师资队伍不断进行自我提升和自我完善而提供良好的平台与机会。

（五）调动社会力量推动太极拳传播

我国社会体育的发展存在资金短缺的现实问题，这严重制约了社会体育的发展速度和发展高度。社会体育经费大部分来自政府拨款，但社会体育人口十分庞大，这无疑增加了政府的财政负担。有限的资金投入满足不了庞大社会体育人口的需求，对此，应积极调动社会各界的力量来解决社会体育的经费问题。

太极拳是广受社会认可、社会影响力较大以及产生了良好社会效应的武术项目，是社会体育和全民健身运动的重要组成部分，社会体育经费的缩减同样制约了太极拳运动在社会上的普及与推广，对此，我们应利用太极拳已有的群众基础、传播基础来吸引社会各界，尤其是有名人士参与太极拳传播与推广。政府部门应支持和鼓励社会力量参与进来，这样不仅能减轻政府的财政压力，还能起到更好的传播效果。

二、太极拳的产业化发展

太极拳以中国为中心，不断向周边国家乃至世界各地辐射、传播，国际太极拳社团、太极拳爱好者和参与者广泛分布在世界多个国家和地区，世界上的太极拳参与者规模庞大，数以亿计，是目前世界上参与人数多、影响力广泛的武术项目之一。太极拳的传播地区和参与人数还在不断增加，其拥有巨大的市场潜力。随着太极拳参与者的增加，太极拳逐渐向产业化方向发展，社会上开设了很多以培训和休闲养生为主题的太极拳馆，太极服装、器械、书籍等产业链也逐渐形成，有些地区的太极拳产业甚至还跨界与旅游业合作发展，形成了新的发展模式。总体来看，太极拳产业发展潜力巨大，市场前景乐观。开发太极拳产业不仅能够拉动消费，增加就业，还能在一定程度上促进产业改革，实现经济转型。但因为太极拳产业还处于开发阶段，发展尚不成熟，存在问题较多，所以在发展中面临诸多障碍，影响了发展速度和发展水平。下面主要对我国太极拳产业发展中主要存在的问题及未来发展的策略展开分析与研究。

（一）太极拳产业化发展的问题

1. 定位不清晰

(1)市场定位不清晰

一些太极拳企业的市场定位不清晰，大多数都以太极拳培训和养生等产品共性作为定位，目标市场不明确，没有根据目标市场来树立企业形象，存在严重的产品同化现象。企业品牌和产品功能的差异化是企业进行市场推广的重要因素，而很多太极拳企业的产品普遍同化，产品功能差异性不明显，直接制约了市场推广。

(2)企业定位不清晰

太极拳产业化发展中也存在企业定位不明确的问题，有些企业存在“眉毛胡子一把抓”的现象，没有从自身的企业定位出发而选择客户群、确定业务范围及经营战略。在选择客户群方面没有明确的标准，不确定到底是面对中高端市场还是中低端市场，也不了解客户群的需求，所以无法提供针对性产品和服务。有些企业还没有确定自己的业务范围，不清楚在市场竞争中要采取什么战略，没有方向，非常盲目。

(3)消费者定位不清晰

在消费者的定位上，大多数企业只是根据现有的客户群分为会员和非会员，对消费群体的划分过于单一，不利于产品推广。

2. 政府不够重视，投入力度不大

总体来看，我国地方政府对太极拳的弘扬和宣传显得不足，缺少对该行业的鼓励和扶持政策，一些太极拳馆主要靠教拳收入来维持

生存，十分艰难，因为政府投入较少，所以像样的太极拳馆和品牌并不多。

3. 产品包装缺乏个性，宣传力度弱

太极拳企业普遍以太极拳健身养生的特性为主而包装和宣传产品，缺乏对弘扬太极文化和传统文化的重视，在课程的包装上普遍按会员卡进行简单的划分，缺乏个性，以至于不够了解太极拳的消费者无法便捷地获取需要了解的信息，可见太极拳产品缺乏吸引力。另外，在宣传上，一些太极拳馆以纸质宣传册的传统宣传方式为主，网站宣传及线下宣传活动较少，而且宣传的内容缺乏特色，宣传范围较小，导致宣传效果不佳。

4. 太极拳产业链不够长

在太极拳产业化发展中尚未细分市场需求的差异化，虽然基本能够满足普通消费者的健身养生需求，但其他具有针对性的市场需求尚未得到满足，如学生的需求、老年人的需求等。而且太极拳的竞技市场开发较弱，市场营销、企业管理方面存在诸多问题。此外，太极拳产品的专业化、标准化、系列化还没有达到一定的高度，无法为太极拳产业提供更大的增值发展空间，产业链短制约了太极拳产业化发展。

（二）太极拳产业化发展的策略

1. 明确市场定位

（1）明确企业定位

太极拳相关企业应该对自身的定位有所明确，将自己面向的市场（中端或高端）确定下来，然后从企业定位出发进行企业形象塑造，创造能够突出企业特色、优势与个性的品牌。

（2）明确产品定位

对企业定位有所明确后，第二步就应该对产品定位予以明确了。产品定位主要以市场定位为依据，面向中低端市场和高端市场要进行不同的具有针对性的产品定位。

如果企业主要面向中低端市场，那么产品的价格和获取渠道是应该特别注意的地方，要结合中低端市场需求而有针对性地定制相关产品，以价格优势占领市场，扩大市场规模。

如果企业主要面向高端市场，那么就要对企业的服务，产品的消费环境、消费体验给予更多的重视，对服务水平要优先考虑，使消费者有更好的体验，提升其对产品和服务的满意度，进而树立具有市场竞争力的品牌，打开市场，占据一席之地。

(3)明确消费者定位

将企业定位、产品定位都确定下来后，就要确定消费者定位了，要清楚什么样的产品要面向什么样的消费者去推广，不同的产品分别适合哪些消费者。明确消费者定位是企业进行差异化经验的主要依据，例如，以年龄为参照，将消费者划分为少儿消费者、青年消费者以及中老年消费者，从这些消费者的身心特征、个性需求出发而进行市场开发，能够减少开发的盲目性，突出开发的针对性和目标性。太极拳馆面向少儿群体开设的课程以强身健体的套路为主，面向青年群体开设的课程以愉悦身心，缓解压力的套路为主，面向中老年群体开设的课程以健身养生、强筋健骨、舒经通络的套路为主，只有“量身定做”，才能满足受众的需求。除了考虑消费者的年龄因素外，消费者的余暇时间、消费水平、兴趣爱好等也可以作为参照而有针对性地开设相关课程，提供相应的服务。

2. 政府加强政策支持

任何体育项目的产业化发展都离不开政府在政策、资金等方面的支持和引导。太极拳运动的产业化发展需要政府的大力支持，特别是政策支持。我国一些地方政府大力扶持太极拳产业，取得了显著成果。以河南焦作为例，当地在文化产业发展规划中加入太极拳项目，出台规划和纲要来促进太极拳的普及与推广，并将太极拳产业置于文化产业中非常重要的地位。政府提出每年五月份为“太极拳活动月”，营造了良好的太极拳文化氛围，吸引了大量的太极拳爱好者和国外游客。借鉴河南太极拳产业化发展的经验，其他各地应开发本地的太极拳资源，完善太极拳产业化发展的条件，在政府政策扶持下加快发展步伐，通过举办大型太极拳商业活动、建立太极拳辅导站、将太极拳引进校园、培育太极拳人才等途径而营造全社会参与太极拳运动的氛围，为太极拳运动的产业化发展提供良好的群众基础。

3. 重视产品包装，增加宣传力度

（1）特色化包装

在产业经营中，包装意味着市场，不注重包装就不可能抢占市场，难以在市场上占据一席之地。因此在太极拳产业化发展中要特别重视产品和服务的包装。从太极拳产品本身的特征及目标消费群体的特点出发进行特色化包装，突出产品的功能和特色。

（2）代言式包装

太极拳产品包装还可以采用明星代言的方式进行，前提是企业资源丰富，资金雄厚。通过明星代言产品可以使产品和企业的知名度得到提升，吸引更多的消费者。例如，太极拳馆主营太极拳培训业务，通过邀请武术明星或有较高知名度的武术大师来为本馆代言，可以使本馆在社会上有一定的知名度和影响力。主营太极拳养生产品的企业可以邀请喜欢传统文化的中老年明星来代言，可以达到更好的宣传效果。

（3）互联网宣传

太极拳企业应该依托互联网平台创建自己的网站，并通过企业微博、企业公众号等方式来加大宣传力度，使人们能够以便捷的方式迅速了解太极拳。企业网站、公众号也为太极拳企业与大众的互动提供了重要的平台，使企业与消费者建立良好的关系。此外，太极拳企业也可以将自己的产品放到其他知名网站和社交平台上去宣传，提升宣传效果。

4. 加强与其他行业合作，延长产业链

我国在推动太极拳产业化发展的过程中，应对本土资源进行充分整合，将产业集群优势充分利用起来，加强太极拳企业与其他相关行业的合作与联系，加强产品创新，开发新的项目，延长太极拳产业链，具体策略如下。

（1）建立企业联盟

各地的太极拳经营单位合作互助，形成联盟，取长补短，定期举办太极拳交流活动，就经营管理经验展开交流，相互学习，共同发展。太极拳产业的行业标准也应该由太极拳经营单位共同制定，从而使各地太极拳

产业的发展更加规范有序。

(2)太极拳企业与旅游业合作

加强太极拳产业与旅游产业的合作，在具有特色的旅游景点设立太极拳体验店，将太极拳文化、传统文化融入现代旅游业中，不仅能使旅游景点的文化层次得到提升，还能提高太极拳企业的宣传效果和知名度，可谓一举两得。

(3)太极拳企业与医疗行业合作

可以将太极拳产业与中医医疗行业联系起来，利用太极拳健身养生、防治疾病的功效而加强合作，如将太极拳辅助康复训练点设立在中医馆，促进中医文化与太极拳文化的交融，这样不但可以拓展市场，满足高端消费群体的需求，还能使人们了解中医文化的博大精深。

三、太极拳的国际化传播与发展

在我国传统武术的国际化传播与发展中，最为成功的当属太极拳，现在世界上的太极拳组织数量庞大，遍布全球一百多个国家和地区，全球学习和参与太极拳运动的人数以亿计，其成为国际上参与人口规模最大的武术运动。推动太极拳的国际化传播与发展对弘扬太极拳文化、传统武术文化以及中国传统文化具有重要意义，因此应进一步加强对太极拳的国际化传播，促进太极拳的国际化发展，使世界上更多国家的人民都认识太极拳，接受太极拳，参与太极拳。下面简单提出太极拳国际化传播与发展的建议。

(一)明确传播对象

在太极拳国际化传播中，要明确传播对象和群体，尽可能使所有阶层的民众群体都成为太极拳的学习者。在全球化的发展中必须高度重视太极拳的社会传播，把普通大众作为传播对象，这才是太极拳国际化发展的长久之计。培训对象着眼于广大人民群众，扩大受众群体，推广太极拳文化，以此来提升国家影响力。

（二）规范传播内容

太极拳国际化传播的内容因传播对象的不同而有区别，具体要传播什么样的内容，要依传播对象而定。例如，如果传播对象是中国传统文化的爱好者，应该重点传播太极拳中蕴含的传统文化内涵，使传播对象了解博大精深的中国传统文化；如果传播对象是武术爱好者或运动员，那么应该重点传播太极拳技法、套路等动态性内容。

传播对象对太极拳的需求与其性别、年龄、受教育程度、兴趣爱好、文化背景等有关，我们要从传播对象的这些特质出发而确定传播内容，满足不同传播对象的需求，只有真正做到这一点，才能提高传播的针对性，提高传播的效率与效果。

（三）提升传播主体的素养

太极拳的传播质量与传播效果在很大程度上受到传播者个人素质和专业水平的影响。受诸多因素的影响，我国太极拳国际传播者数量不多，传播者实力有限，缺乏跨文化传播能力，在传播过程中以基本技术为主，缺少对太极拳文化与精神的深层推广。太极拳是中华民族传统文化的精髓，传播太极拳文化也就是中华民族文化，为了使外国人对太极拳文化乃至中国文化留下好的印象，太极拳传播者必须承担起重任，完成好传播任务。对此，传播者应主动学习东西方文化，准确而深入地理解太极拳文化精髓，掌握丰富的太极拳知识，同时要具备良好的外语能力、交际能力。语言障碍在太极拳国际化传播中是最大障碍之一，因此必须做好翻译工作。

此外，还要对太极拳国际传播组织机构提出更高的要求，使专业组织在太极拳的国际化传播中发挥主要力量，如此才能提升太极拳文化在国际上的形象和影响力。此外，针对翻译不规范、不统一的问题，应组织国外相关专家学者统一翻译太极拳术语，进行具有权威性的翻译。

第二节　武术散打的现代化发展研究

一、武术散打的职业化发展

1998年，时任国家体育总局武术管理中心主任和中国武术协会主席的李杰先生指出："中国武术运动只有走向职业化，才能更快地提高知名度，提高水平，从而进入奥运会。"这为武术散打运动的发展指明了方向。武术散打走职业化之路，可以将散打训练、散打比赛同经济利益结合起来，将散打教练员、运动员的积极性充分调动起来，进而促进散打赛事水平的提升和散打运动的高速发展，满足观众的欣赏需求，吸引更多的散打爱好者参与这项运动。

虽然武术散打的职业化发展方向早早就明确了，但时至今日，武术散打的职业化水平仍然比较低，更没有实现武术散打成为奥运会比赛项目的目标。我国武术散打职业化发展中存在诸多问题，集中反映在散打职业赛事中。当前我国举办的散打职业赛事主要由冠名商赞助，资金来源十分单一，一旦冠名商资金周转困难，赛事就无法顺利举办了，中国武术散打王争霸赛就是如此。有些商业性质的散打赛事发展时间短，有些只举办了短短一两天就结束了，之后再也没有举办过，缺乏连续性和长期性，这对散打运动的职业化进程造成了严重影响，不利于建立赛事品牌，也难以形成消费市场和吸引消费群体。因为创建品牌赛事和形成消费市场需要长期的努力，所以现在还不具备条件。散打职业赛事缺乏持续性也对散打运动的传播与推广不利，导致观众对散打运动的认知水平低，也没有参与的兴趣，最终又对散打职业化发展造成了制约。

（一）立足国情，建立职业散打管理体制

当前，我国体育制度仍以举国体制为主，但国家为了将体育市场激活，出台了关于将赛事行政审批取消的文件，体育主管部门不断重视体

育职业化发展。基于这一国情，我国应加强对职业散打管理体制的建立，并确保管理体制与市场体制相适应。

第一，加快对职业散打组织的建立和散打俱乐部的组建，进而将各大组织联系起来促进职业散打联盟的形成。职业散打联盟以市场经济规律为依据而进行自主经营，政府放手，不再进行行政干预。

第二，促进散打运动员的职业化。我国散打运动员主要参加全国散打锦标赛和全运会等赛事。而职业散打赛事在不断增加，如果还是以专业运动员为主体去参加职业散打赛事，可能会遇到职业赛事与锦标赛或全运会相冲突的问题。对此，可以借鉴职业拳击的经验，促进专业运动员的职业化，发掘和培养明星运动员，或通过散打俱乐部培养职业运动员，为职业散打的发展培养后备人才。

（二）明确赛制，建立统一竞赛规则

随着散打运动的不断发展，社会上出现了很多散打搏击比赛，职业散打运动员的专业水平参差不齐，职业比赛也没有相对统一的赛制，影响了职业散打比赛活动的有序开展。职业拳击之所以取得了良好的发展成果，与其建立了较为完整的赛制有很大的关系。因此建立统一的职业散打赛制很有必要，我们可以对美国职业拳击的赛制予以借鉴，即根据多次散打比赛结果来将各个级别的积分排名确定下来，从本质上来说，就是采取按积分排名的赛制，在此基础上举办散打冠军争霸赛，邀请积分排名靠前的优秀选手参加，还可以举办不同级别的冠军争霸赛、冠军挑战赛。

现在已有的各种职业散打比赛各自都有明确的竞赛规则，但不同赛事的竞赛规则不同。各种各样赛事规则的制定有一个共同点，即以散打锦标赛竞赛规则为参照而进行了适当的修改，不同程度的修改造就了多个版本的竞赛规则，竞赛规则的不统一导致观众观看散打比赛时容易产生错乱感，有些不懂规则的观众只是看热闹，这样不利于维持已有观众和吸引新观众。此外，散打运动员、裁判员参加各种职业散打比赛前都要提前对相应的赛事规则予以了解、熟悉，运动员参加不同的赛事，要熟悉不同版本的规则，这样容易造成混淆，这个问题严重困扰着职业散打选手和裁判员。针对这一问题，有必要建立统一的职业散打竞赛规则，即以散打锦标赛竞赛规则为参照，以散打运动的市场化、商业化需求为

依据而对较为统一的职业散打竞赛规则进行制定，使职业散打比赛更有观赏性，更便于宣传与推广，给职业散打竞赛带来大量的粉丝群体。

（三）培育散打市场、开发市场潜力

培育散打市场，开发散打市场潜力的关键在于举办丰富而稳定的职业散打比赛，加强对观众和粉丝的培育，培养优秀的职业散打选手等。当前，我国散打运动的职业化发展面临职业赛事收入来源过于单一的问题，要解决这个问题，就必须拓展经费来源渠道，而对散打赛事电视转播权的合理处理则有利于获得可观的收入，此外，还可以对散打赛事版权进行专门化建立，一方面通过法律渠道将电视转播权的归属问题确定下来，另一方面可以从增加职业赛时的观赏性上下功夫，使职业散打比赛在社会上产生更大的影响力。

我国历来重视武术教育，全国武术馆校的数量已经过万，习武者数以千万计，社会上盛行尚武、习武之风，武术的群众基础十分广泛、深厚。但武术运动中并不是所有的项目都形成了深厚的群众基础，相对来说，太极拳的参与人口比其他项目多，而散打因为推出时间不长而尚不具备很高的知名度，薄弱的群众基础制约了它的发展。但散打是武术中非常重要的组成部分，市场潜力大，发展前景广阔，因此必须重视培育散打商业市场，促进散打市场的规范与成熟。

在开发散打市场潜力方面，要深入研究散打文化，挖掘其背后所蕴含的丰富的传统文化内涵，有关企业应从传统武术的文化性出发而宣传散打赛事，创建能够突出民族文化特色的职业散打发展模式。另外，开发与挖掘散打运动的商业价值也很重要。散打比赛并不是场上选手比拼，场下观众欣赏那样简单，要持续推动散打比赛的发展，必须重视开发其商业价值，如对散打题材的影视作品、小说进行创作，利用主流媒体来宣传散打运动，对散打纪念品、服装等进行设计与发行，挖掘散打运动的教育功能、休闲娱乐功能，从这些价值出发而实现其职业化发展目标。

（四）打造品牌赛事

在散打运动的职业化发展中，举办职业赛事至关重要，散打赛事是否具有职业性质，直接影响散打运动能否实现可持续的职业化发展。要真正实现散打的职业化，必须保证散打赛事真正具有职业性质，而且以

散打为中心的产业链必须是完备成熟的。散打的职业化发展与创立品牌赛事是密不可分的，美国拳击运动的拳王争霸赛，篮球运动的 NBA 等充分说明了这一点。

面对市场上众多的搏击比赛，我们必须挑选较为成熟的赛事来将其打造成职业散打品牌赛事，突出中国武术特色，展现散打运动的民族性、国际性和时代性。对此，具体要从以下几方面努力。

第一，自主创新，创建具有民族性的散打赛事品牌，完善品牌赛事的市场运作机制，将散打运动的服饰文化、礼仪文化突显出来，并利用举办品牌赛事的机会传播传统武术文化和民族文化，使散打赛事与大众的生活场景、文化背景、市场需求更加贴近。

第二，在统一竞赛规则下举办特色鲜明的职业散打联赛，尊重规则的权威性，使比赛更加有序。

第三，对职业散打选手的福利待遇进行改善，减少职业选手的生活压力，使其专心训练和比赛。

第四，职业散打品牌赛事的举办应该具有持续性，而不是举办一两次就中断了，如果只有三分钟热度，做不到善始善终，是无法使散打运动实现可持续发展的。

（五）加快制度建设，加强监管

体育的职业化发展与市场经济紧密联系，体育市场化与职业化发展离不开法律制度的保障，只有用健全的法律法规去规范和约束体育市场行为和职业赛事，才能更好地实现市场化和职业化发展目标。我国最高级别的体育法律——《体育法》中关于职业体育的内容很少，职业体育的法律制度处于缺失状态。武术散打运动由于推向市场的时间较短，更是缺乏专门的法律法规来为其提供保障，从而影响了职业散打竞赛的市场风气，制约了职业散打运动的发展。对此，必须重视对职业散打专门制度的建设，加强对职业散打赛事的监管，具体从以下几方面来落实。

第一，确定职业散打组织机构的法律地位，将职业散打组织、散打俱乐部的性质确定下来，以欧美国家的职业体育组织性质为参照，以企业性质来明确职业散打组织单位的运作方向，企业性质的职业散打组织单位具有自主经营、自负盈亏的特征，而且可以直接管理组织内部的运动员。

第二,将职业散打运动员的身份从法律上予以明确,用相关法律法规来规定职业散打选手的转会条件与要求。在职业散打比赛中,参赛运动员作为特殊的人力资源享有收益权,要通过法律来保护职业散打运动员的这项重要权利。

第三,出台与体育职业赛事相关的法律法规,明确裁判员的权利和义务,防止在比赛中发生不良事件,如黑哨。通过法律法规还要明确规定电视转播权的相关事宜,对散打赛事版权予以维护,促进武术散打职业赛事的健康发展。此外,关于职业赛事的监督权也要在法律法规中予以明确,防止比赛中出现欺骗、虚假、腐败、不公平等不良现象。只有将职业散打赛事的运营、管理、相关主体的权责等从法律法规上予以明确,才能使武术散打的职业化发展得到更好的保障。

二、武术散打的国际化传播与发展

在体育全球化背景下,武术散打迎来了国际化传播与发展的良好机遇,但同时也受到西方搏击术的冲击,如何利用好全球化机遇进行国际化传播与发展,并在西方体育文化的冲击下坚守本质,弘扬特色,与时俱进,是现阶段武术散打发展的重要研究课题。下面重点对武术散打的国际化传播与发展策略进行分析。

(一)在大武术观背景下推动散打赛事的国际化发展

大武术观指的是从武术的核心层出发深刻认识武术的伦理文化、医理文化、伦理文化以及拳理文化,透过现象了解武术的本质。“大武术观”是从整体视角对武术事业的发展高度负责,用包容心看待武术的一种强烈认同感和深层价值观。武术散打经过多年的发展,取得了令人瞩目的成就,但与此同时也有不少问题,严重制约了武术散打的发展。要向全世界推广散打运动,必须从大武术观的视角出发而对现实问题予以解决,立足整体观而达到多方面的统一,从而凝聚力量,为武术散打的国际化发展打好根基。

武术散打虽然是在中国产生的,但正所谓民族的就是世界的,因此散打也属于全世界。中国武术项目繁多,散打要从琳琅满目的武术项目中脱颖而出,进入世界体坛,提升自己的国际影响力,就必须将其独特价值展现出来，挖掘其背后源远流长的传统文化，从博大精深的传统文化中对与当前竞技规律、运动人体科学相符的武术技击理念、技法进行探寻，将其融入散打运动中，使散打运动作为中国武技的代表而走向世界，与西方竞技体育相互交流、融合，通过国际化发展路径而对武术文化、传统文化进行传播与弘扬，使国际武术爱好者通过了解散打运动而对中国武术有更好的认识与理解。

散打运动在国际化发展中要主动融合武术文化和传统文化，突出自己的文化特色和技法特征，构建独具特色的传播与发展模式。例如，对抗实用性是武术散打的主要特点，散打和其他武技相比而言，其技击理念和技击形式更为丰富。基于对武术散打运动独特性和突出优势的深入认识而对特色化武术散打赛事进行创办，围绕散打运动的民族文化特色而对品德优良、技艺高超的散打选手进行选拔与培养，使散打运动员在世界性的格斗类比赛中展现自己的良好修养，展现中华民族的高尚品格。

武术散打运动在现代化发展和国际化传播中不能丢掉自己的文化特性。现在有很多散打比赛盲目效仿西方格斗比赛的规则和赛制，从而导致技术形式也越来越向西方格斗运动靠近，如果一直这样模仿下去，那么武术散打必然会被西方体育同化，失去本来的面貌。到那时，武术散打在国际体坛同类运动中毫无特色和优势，这势必影响其在国际上的竞争力与影响力。因此，武术散打比赛必须保留自己的特点，从比赛形式、细节等各个方面展现中国特色，彰显中华民族传统文化特色、民族价值观、民族精神以及民族品格。这些民族的特质无论如何都不能丢失。

（二）与孔子学院融合进行多元化传播

中外合作建立的教育机构——孔子学院致力于满足世界人民学习汉语的需要，使外国人更好地了解中国语言文化，加强中外教育交流与合作，促进中外友好关系的建立和巩固，促进世界文化的融合与多元发展，最终达到世界和平、和谐的目标。世界上第一家孔子学院于 2004 年 11 月成立于韩国，经过多年的努力，现在全球已有一百多个国家成立了孔子学院。遍布世界各地的孔子学院与孔子课堂在国际上产生了广泛的影响力。如果能借助孔子学院的东风而将散打融入其中，将能够更好地推动散打运动的国际化传播，同时还能够实现散打与传统武术的深度融合。中外合作建立孔子学院促进了中国传统文化在国际上的传播，散打运动要主动汲取传统武术文化的精髓，然后通过现代化的外在运动形式而展示深层文化内涵，如此不仅可以使散打文化更丰富，同时还能够将中国武术文化、传统文化传播到海外。国家武术运动管理中心要努力使散打运动与孔子学院建立联系，构建全新的散打国际化传播模式，实现更好的传播效果。

作为中国武术的重要项目，散打运动要在自身的发展历史中将武术的特征和多元价值体现出来。中国武术的教育功能历来很受重视，武术的教化思想是育人律己、惩恶扬善、从善如流，这些都是散打运动必须继承与弘扬的优良传统。散打运动只有与传统武术密切联系，坚持“术道并重”的原则而进行国际化传播，不忘初心，才能更好地实现传播价值，使传播活动更有意义，将散打的国际化传播上升到民族的层面，实现更高的传播目标。散打运动不是简单的竞技运动，不是只计较输赢的对抗运动，它的出现也不是只为了夺取锦标，而是有更深层的意义所在。因此在散打运动的国际化传播中必须对其内在因子及深层价值予以挖掘和整理，与传统武术文化及中华民族的价值观紧紧联系，在加工这些独特信息的基础上进行深层传播，从而使国际传播对象透过散打运动对中国传统文化有更多的认识与了解，进而认可与接受中国传统文化。

在武术散打运动的国际化传播中，不要将传播对象局限于某个特定群体，要充分认识到散打运动对不同群体的重要意义。例如，青少年适合学习散打运动，散打能够促进青少年健康成长，如能够使青少年强身健体，对其拼搏进取的精神进行培养，促进其意志品质的提升。因此面向国际青少年传播散打运动，要充分发挥散打的这些功能，传播正能量。我们应借助孔子学院、孔子课堂而将散打运动面向全球多个群体进行传播，使习武人群规模不断扩大，同时不断丰富传播路径和传播形式，通过多元化传播而使更多的人认识中国武术散打运动，使散打运动的发展突破地域、阶层、性别、年龄等限制，使人人都有机会认识散打，认识中国武术，有机会参与其中。总之，要以孔子学院为平台对武术散打的魅力进行多元化的传播与弘扬。

（三）规范散打国际化传播内容

散打国际化传播的内容主要包括散打技术，散打运动中蕴含的机智勇敢、顽强拼搏的精神以及中国传统文化。从目前来看，散打传播内容包含了专项理论、技术体系、教学训练体系、竞赛规则、服装、礼仪等内容，这些都有待进一步完善，特别需要规范与统一的内容是散打技法名称术语、各种腿法的名称等。规范传播内容还需要创立品牌，利用明星效应扩大影响力，使散打吸引更多的人关注。

（四）拓宽散打国际化传播途径

散打的国际化推广过程其实是人们经历信息反馈、认识选择、加深理解和参与活动的过程，目前散打的传播途径和手段非常单一，主要传播途径和方式是出版物、电影、电视等媒介传播，而对互联网传播媒介的利用率不够高，影响了传播效果。

散打国际传播的主要手段包括互联网、电子出版物、电视以及广播等，将电子媒介作为传播途径和手段的同时，其他媒介也需要给予重视。要根据实际需要做好散打外文教材、刊物及音像制品等的编订、出版等工作，提升关于散打运动的中英文对照翻译水平和准确性。

散打国际传播的形式也应该是多元化的，主要形式有举办各类比赛、武术博览会、武术研讨会、传统武术节、武术旅游节，派散打教练员或运动员外出讲学，在国外设馆授徒等。借助多种传播形式对散打进行推广和宣传，使散打被更多的人了解、认识和喜爱。

此外，还要继续为使散打成为奥运会比赛项目而努力，借助奥运会强大的宣传功能来促进散打在全世界的发展。

第三节　其他武术项目的现代化发展研究

一、形意拳的现代化发展

形意拳是一项优秀的传统武术拳法，其发展历史悠久，具有很深的研究价值。形意拳中蕴含古老的传统哲学文化，如儒家文化、道家文化、这些哲学文化主要从外在的拳法与实战技巧中展现出来。在非遗保护视角下，当代人有责任有义务保护和传承传统文化。当前，著名内家拳拳法——形意拳的发展情况不太乐观，虽然以弘扬和传播形意拳为主要任务的组织机构——“国际形意拳道联盟发展中心”于2004年已正式成立，形意拳由此走出国门，开启国际化发展的新篇章，再加上政府成立了一些关于传统武术或直接针对形意拳的基金会，促进了形意拳的发展。但现代流行文化对传统文化的冲击势不可挡，在社会现代化水平不断提升的今天，只有少数人关注形意拳，如果不及时改革形意拳发展模式，形意拳可以面临没落的危机。下面主要针对形意拳的现实处境而探索现代化发展的路径。

（一）历史寻根

直至今天，关于形意拳的起源还存在很多不同的说法，没有形成统一，一些歧义从形意拳起源到传承至今始终存在，而且因为缺乏史实资料，专家也无法判断哪一种起源说才是真实而权威的。

关于形意拳的名称至今也仍有歧义，有关资料上指出今天的“形意拳”最初不叫这个名字，而是叫“意拳”，后来出现了“心意拳”“心意六合拳”等新的名称，最后才以“形意拳”来统一名称。但现在还有一些人认为“心意拳”“心意六合拳”“形意拳”是不同的拳种，存在歧义。

形意拳起源和名称的歧义对其传承和发展造成了不良影响。当前，我们必须通过详细的历史资料去考证形意拳的真实起源，也就是要做好“寻根”工作，这不仅是为了从根本上消除关于形意拳的歧义，也是尊重历史，还原真实的历史。

（二）合作发展

传统武术中不同门派的拳法尽管各有特色，区别明显，但基本理论是一致的，而且这种一致性是很高程度的一致，即“内意”与“外形”达到统一。各个门派的拳法在起源与发展的过程中各有千秋，在不同地区的流传中存在差异，这是普遍现象，并不违背事物发展规律。但我们要善于抓住不同拳种之间的“同”和“异”来加强沟通与交流，共同发展。

在形意拳发展艰难的情况下，各门派如果能够摒弃歧义，建立合作关系，共同发展，将有利于改善形意拳的处境，促进形意拳的推广与发展，而且有利于促进其他合作门派的发展。

(三)将形意拳引进校园

虽然关于形意拳的起源地有不同的说法，但被认为是形意拳发源地的当地政府都比较重视本地形意拳的传承和发展。例如，学界流传着形意拳起源于山西省太谷区这一说法，当地政府高度重视形意拳的发展，将形意拳引进当地中小学，成为体育教学的重要内容，并对形意拳教材统一编制，向学生传授形意拳的基本知识和拳式套路，在基本知识的传授中，不仅介绍了形意拳在当地的发展历史，而且阐释形意拳拳法中蕴含的传统文化，尤其是哲学文化，从而使学生了解形意拳文化，了解传统文化。系统化的教学不仅有助于提高学生对形意拳的认识水平，还能使其在实践参与中强身健体，培养优秀的心理品格。这种将现代思想教育与传统文化相结合的教育模式对提升中小学生的综合素质具有重要意义。

现在，中小学生面临很大的学业压力，学习负担很重，有些学生无法将学习时间和课余活动时间权衡好，常常在课余时间补作业，这种情况下如果再开设一门武术拳法课程，会使一些学生感觉很压抑，他们面对新课程很敏感，首先想到的就是压力、负担、作业等，为了减轻学生的心理负担，激发学生的兴趣，培养学生的学习积极性，应在形意拳课程教学中融入现代流行元素，使课堂教学变得活泼一些，营造轻松愉快的课堂氛围，使学生在学习过程中充分放松身心，疏解压抑，释放不良情绪，修身养性，这样形意拳课程就会受到学生的喜爱。

为了更好地促进形意拳在校园的传播与发展，政府需加大经费投入力度，完善教学设施条件，培养专业的师资队伍，扶持校园形意拳比赛的开展，并促进校内和校外形意拳活动的交融，在全民健身背景下达到“全民学拳”的目标。

(四)走商业化之路

随着电影行业的迅速发展，武术题材的电影越来越多，优秀武术影片的诞生促进了传统武术与商业市场的结合，能够使观众认识历史上的武术大师，展现武林中人的思想境界，表达对他们的敬重。武术电影或电视剧的制作是武术商业化发展的重要路径，在传播武术方面起到了重要的作用。对此,我们应从形意拳中挖掘影像题材,建立形意拳商业化发展模式,通过电影或电视剧来展现形意拳的魅力,使更多的人认识和喜欢形意拳。

(五)加强国际化传播

北京奥运会中,中华武术项目的亮相使其成为全世界关注的焦点,越来越多的人开始研究拳法。同年,山西太谷开展了第1届“中院威杯”国际形意拳交流大会,来自世界各地的71支代表队进行竞技比拼。这充分表明传统武术已经走出国门,闻名世界。这种国际化趋势促进了形意拳的弘扬和传播,加深了全世界人民对形意拳的认识。国际比赛的开展也带动了地方经济尤其是旅游产业的发展。今后我们应继续加强对形意拳的国际化传播,从而在弘扬传统武术文化的同时带动我国经济发展。①

二、苗拳的现代化发展

苗拳是苗族民族民间传统拳种,在我国贵州东南、广西桂北、湖南湘西的苗族聚居区广泛流传。苗拳具有强身健体、防身自卫等实用功能,广受人民喜爱。当前,我国高度关注传统武术非遗保护与传承,苗拳的传播和发展也因此而受到重视。在新的历史时期,我们可以从以下几方面来推广苗拳,推动其现代化发展。

(一)加强科研

苗拳是武术非物质文化遗产,是武术组织挖掘、整理及传承和保护的主要对象,重点对其起源与发展、特点与类别、现状与问题及其与苗族文化的渊源等进行挖掘。地方高校应发挥主要科研作用,深入研究苗拳,撰写论文和著作,并在学术会议上分享科研成果。

(二)校园传播

学生是知识传播的主力军,在校园传播苗拳不但可以丰富学生课余

① 陈煜.新时代形意拳发展策略研究[J].武术研究,2020,5(06):38-40.

文化生活，还能提高其文化素养和增强自信心。教育部应高度重视苗拳的校园传播，在苗族分布地区开发“校本课程”，改编苗拳内容，将其融入体育教学。

（三）旅游展演

旅游展演也是苗拳传播与发展的重要路径。在乡村振兴的时代背景下，在乡村文化建设中开展苗拳表演活动，可以使游客欣赏“原生态”的苗族文化，从而促进苗拳的传播。此外，苗拳旅游展演还可以给农村带来经济收入，提高农民生活水平。

参考文献

[1]孔军.民族传统体育传承与发展研究[M].北京:人民体育出版社,2017.

[2]周之华.中华民族体育文化多维研究导论[M].北京:高等教育出版社,2016.

[3]郭振华.传统武术文化思想中的现代教育价值阐释[M].北京:光明日报出版社,2015.

[4]曹云.中国武术传承与发展研究[M].长春:东北师范大学出版社,2011.

[5]栗胜夫.中华武术的传承与发展[M].北京:人民体育出版社,2012.

[6]冯艳琼.地域武术与武术文化研究[M].北京:人民体育出版社,2009.

[7]郭志禹.中国地域武术文化现代阐释及其发展趋势研究[M].北京:学苑出版社,2013.

[8]冯艳琼.传统武术与武术文化研究[M].北京:人民体育出版社,2009.

[9]王岗,王铁新.民族传统体育发展的文化审视[M].北京:北京体育大学出版社,2005.

[10]汪珂永.中国传统武术文化与传承[M].北京:光明日报出版社,2017.

[11]丁花阳.新时代中华传统武术文化的传承与发展[M].长春:吉林人民出版社,2020.

[12]王国成.传统武术文化传承与发展研究[M].北京:华文出版社,2017.

[13]权黎明.高校学术文库体育研究论著丛刊 传统武术文化教育

发展审视[M]. 北京:中国书籍出版社,2019.

[14]阮纪正. 至武为文中国传统武术文化论稿[M]. 广州:广州出版社,2015.

[15]秦清俊. 传统武术文化传承与发展研究[M]. 长春:吉林人民出版社,2012.

[16]冯佳. 传统武术文化价值与科学发展探究[M]. 北京:中国书籍出版社,2018.

[17]刘炜,李坚. 传统武术文化传承研究[M]. 北京:光明日报出版社,2016.

[18]郭敏进,范美丽,王鑫. 我国传统武术文化的传承与现代发展研究[M]. 长春:吉林大学出版社,2018.

[19]闫洪涛. 传统武术的文化内涵与创新发展[M]. 长春:吉林大学出版社,2015.

[20]赵歆. 传统武术文化的弘扬及其发展战略研究[M]. 长春:吉林大学出版社,2016.

[21]孙浩. 中华传统武术的文化阐释[M]. 北京:中国原子能出版社,2012.

[22]马爱民. 传统武术文化新探[M]. 北京:人民体育出版社,2003.

[23]张锦辉,吕福祥,李亚英. 中国传统武术文化在高校的传播与发展研究[M]. 长春:吉林大学出版社,2015.

[24]罗日明,黄德初. 新时代中华传统文化知识丛书 中华武术文化[M]. 北京:应急管理出版社,2021.

[25]北京尚达德国际文化发展中心编;宋雅树. 中华传统文化普及丛书 中国武术浅话[M]. 北京:中国人民大学出版社,2017.

[26]王琼,吴强,薛宇. 非物质文化遗产视域下传统武术的现代化发展[M]. 北京:中国纺织出版社,2019.

[27]任宏庆. 中国传统武术传承与发展策略研究[D]. 曲阜师范大学,2014.

[28]季晓丹. 传统武术文化传承体系研究[D]. 上海师范大学,2019.

[29]虞定海,牛爱军. 中国武术传承研究非物质文化遗产视角[M]. 北京:人民体育出版社,2010.

[30]白鸽. 羁绊与蜕变:武术散打国际传播探究[J]. 武术研究,2020,5(03):63-66.

[31]段吉武,祝明元.非物质文化遗产视角下湘西苗族武术的传承与发展[J].体育世界(学术版),2017(04):71-72.

[32]陈煜.新时代形意拳发展策略研究[J].武术研究,2020,5(06):38-40.

[33]黄鹂.从和合思想角度试论传统武术的文化特征及其现代发展趋势[D].武汉体育学院,2011.

[34]艾丽.民族传统武术的文化内涵与发展研究[J].体育风尚,2021(06):118-119.

[35]朱永光.现代武术功法运动发展研究[J].武术研究,2021,6(10):1-3+15.

[36]李东岳,苗陈雷,李益明.哲学视阈下武术属性解读——兼谈竞技武术与传统武术的发展[J].武术研究,2021,6(10):44-47+55.

[37]孙晓,米雄辉.武术产业的发展困境与破局[J].中华武术,2021(02):76-80.

[38]王蕾.传统武术文化产业化发展探究[J].当代教育实践与教学研究,2019(04):232-233.

[39]张国斌.基于中国武术产业集群化发展策略研究[J].文体用品与科技,2021(08):150-152.

[40]李光建.中国传统武术在学校体育中的发展[J].搏击(武术科学),2014,11(01):7-8.

[41]相金星.普通高校建立传统武术文化教学体系的可行性研究[J].林区教学,2016(01):106-107.

[42]王淑英.学校体育课程体系研究[D].河北师范大学,2012.

[43]孙波.普通高校武术教育发展概况及可持续发展分析[J].大庆师范学院学报,2018,38(03):145-147.

[44]林森.我国高校武术教育可持续发展研究[D].华中师范大学,2014.

[45]马召兵.文化空间视野下敦煌武术的传承与保护[J].当代体育科技,2017,7(33):165-166.

[46]胡继云.传统武术拳种传承人保护机制研究[D].河南大学,2010.

[47]马维春.中国武术与西方竞技体育的比较研究[J].中华武术(研究),2019,8(11):74-76.

[48]马军. 体育全球化与文化认同[D]. 华南师范大学,2007.

[49]赵俊伟,王彤. 中国武术与奥林匹克运动的文化特征[J]. 山西师大体育学院学报,2010,25(S2):67-68.

[50]程亚红. 中国武术竞技化的反思[D]. 曲阜师范大学,2005.

[51]宋建钧. 传统武术竞技化困境与传承出路研究[D]. 南京体育学院,2014.

[52]颜辉萍,张宗豪,李龙. 论传统武术的竞技化发展[J]. 搏击(武术科学),2007(05):4-5+8.

[53]洪浩,郭怀. 论传统武术竞技化[J]. 成都体育学院学报,2006(05):80-83.

[54]王夏. 体育全球化视野下武术文化的理论思考[J]. 搏击(武术科学),2011,8(03):35-36.

[55]金涛,韩政. 体育全球化背景下的中国传统武术发展之路[J]. 中华武术(研究),2012,1(12):39-42+65.

[56]宫祥辉,刘松. 传统武术的文化内涵解析及未来发展体系的构建[M]. 北京:新华出版社,2014.

[57]林娅. 全球化与社会发展理论研究[M]. 北京:北京大学出版社,2006.

[58]郭强. 武术国际传播策略研究[D]. 广西师范大学,2006.

[59]张国才. 全球化背景下中国武术的国际化传播研究[D]. 南京师范大学,2015.

[60]杨毅华. 全媒体语境下武术对外传播研究[D]. 大连理工大学,2017.

[61]刘勇. 我国武术文化国际传播现状与发展策略研究[D]. 湖南师范大学,2012.

[62]黄震. 中华武术国际化传播模式研究[D]. 河南大学,2012.

[63]解乒乒,丁保玉,吴文峰,等. 武术文化国际传播多元模式的构建[J]. 武汉体育学院学报,2016,50(10):65-70.

[64]冯文杰. 中华武术的现代传承与发展[M]. 北京:中国商务出版社,2018.

[65]牛静. “健康中国”背景下太极拳教育的发展路径研究[D]. 首都体育学院,2019.

[66]张保明. 云南省太极拳产业化发展问题研究[D]. 云南大学,2016.

[67]姜立明. 散打职业化发展的制约因素与对策研究[D]. 北京体育大学,2010.

[68]林才. 美国职业拳击赛事研究[D]. 北京体育大学,2017.

[69]李龙. 深层断裂与视域融合 中国传统武术进入现代视域的文化阐释[M]. 北京:北京体育大学出版社,2014.

[70]刘凤虎. 中国传统民族武术文化国际化道路探析[M]. 北京:九州出版社,2016.

[71]曾庆国,徐林,陈学海. 我国民族传统武术及其文化的传承[M]. 北京:中国时代经济出版社,2013.